美容と経営

接客の心理学

石山 薫

BK

Selection 3

はじまり！

「お客様を元気にしてくれる魔法使い。
　そんな日本全国の美容師さんに尊敬と感謝をこめて！」

幸せな美容師さんが毎日、つくり続けているもの。

それが3つ。

1．スタイルつくり
2．お客様つくり
3．仲間つくり

本書では「お客様つくり」と「仲間つくり」を担当いたします。
ぜひ、お好きなところからお楽しみください。

そして私たちの合言葉。よろしければ大きな声で！
「さぁ、美容を思いっきり楽しもう！」

あなたが燃えればお客様も燃える。
あなたが燃えなければ、誰も燃えない。
だからお客様との合言葉もコレ！
「さぁ、美容を思いっきり楽しもう！」

わぁぉぉぉ！　いい感じです。
それでは次のページにおすすみください。

はじまり！はじまり！

「歌はテクニックじゃないんだ。心だ。ただし、心で表現するためにはテクニックがいる」

これは人気テレビドラマ『王様のレストラン』でのセリフ。
さらりと俳優は言っていますが、見事に本質をついていると思います。
例えば"歌"を"接客"という言葉に置きかえてみると…。
「接客はテクニックじゃないんだ。心だ。ただし、心で表現するためにはテクニックがいる」
そうなんです。"心"をしっかりと相手に伝えるためには"テクニック"が必要になってきます。
美容師さんの想いや、熱き心が、お客様にちゃんと届くためにはどうすればいいのだろう？
お客様の"心"と自分の"心"がわかってくればサロンワークは
もっと楽しくなってくるのではないか？
"心"と"テクニック"。この2つの答えを古今東西諸々の心理学に求め、
「机上の理屈」よりも「現場での実践行動」重視でまとめたものが本書です。
もし、臨床心理士や心理カウンセラーを目指されるでしたら
専門書をお読みなることをオススメします。
しかし、サロン接客の向上を目指すのでしたら、きっと本書がお役に立てるはずです。
月刊『美容と経営』に3年間にわたり連載してきたコラムを加筆・修正した
第1章〜第3章（※）に、「第4章／楽しい店販」と「第5章／モチベーション・アップ」を
新たにプラスしました。

さぁ！それではご準備はよろしいですか？
あなたの中の可能性が目を覚ます瞬間です。
ようこそ！未来の自分へ。ようこそ！『接客の心理学』へ。

※
第1章／プロの信頼感アップ！
あなたのファンが増えていく
「とっさのひと言」
（2006年4月号〜2007年3月号）

第2章／接客でそのまま使える
「しぐさ」と「表情」
カラダの使い方で差をつけろ！
（2007年4月号〜2008年3月号）

第3章／「思い込み」から
抜け出そう！
目指せ「接客No.1」！
（2008年4月号〜2009年3月号）

BK selection vol.3
接客の心理学

contents

Chapter 1 第1章 ことば
プロの信頼感アップ！
あなたのファンが増えていく「とっさのひと言」

010	とっさのひと言　その1	感覚タイプ別のコミュニケーション
012	とっさのひと言　その2	わかってあげる言葉がけ
014	とっさのひと言　その3	「前向き言葉」にチェンジする
016	とっさのひと言　その4	世界で1番簡単な、お客様に安心してもらえる言葉
018	とっさのひと言　その5	お客様のこだわりを聞く
020	とっさのひと言　その6	お客様のペースに合わせる
022	とっさのひと言　その7	「ほめ技」を磨く①
024	とっさのひと言　その8	「ほめ技」を磨く②
026	とっさのひと言　その9	「もしも」で聞く
028	とっさのひと言　その10	②・6・2の法則
030	とっさのひと言　その11	お客様の言葉の意味を明確にする
032	とっさのひと言　その12	目は口ほどにモノを言う

Chapter 2 第2章 しぐさと表情
接客でそのまま使える「しぐさ」と「表情」
カラダの使い方で差をつけろ！

036	やってみるべし　その1	右側に立つか、左側に立つか
038	やってみるべし　その2	話す前に触らせる
040	やってみるべし　その3	掃除も演出！
042	やってみるべし　その4	一体感をつくりだす声のテンポとボリューム
044	やってみるべし　その5	「温かい息」と「冷たい息」
046	やってみるべし　その6	足の動きが発するサイン
048	やってみるべし　その7	姿勢よし＝自信あり
050	やってみるべし　その8	顔の傾きは意思表示
052	やってみるべし　その9	「ウエルカム！」のしぐさと表情
054	やってみるべし　その10	接客はドキュメンタリー仕立てで
056	やってみるべし　その11	「笑顔」のパワーアップ作戦
058	やってみるべし　その12	「OKポーズ」で鏡にニッコリ

Chapter 3 第3章 思い込み
「思い込み」から抜け出そう！
目指せ「接客No.1」！

062	思い込み　その1	≪店販≫　店販品をすすめると失客しそう…
064	思い込み　その2	≪電話≫　お客様に電話？　嫌がられるだけでしょう（涙）
066	思い込み　その3	≪売り上げ目標≫　売り上げ目標は期待と気合と勢いで決めてます！
068	思い込み　その4	≪頑張ること≫　どうせ、自分なんか頑張ってもダメだと思う…

070	思い込み　その5	≪料金≫	料金が高くなると、お客様に申し訳ないと思います…
072	思い込み　その6	≪話題≫	私は口ベタですから、お客様との会話に悩みます。胃が痛い…
074	思い込み　その7	≪売り上げ≫	売り上げと思いながら、お客様と接している自分が嫌になるときがあります
076	思い込み　その8	≪再来店（リピート）≫	来店周期は3か月ですから、そろそろですね…
078	思い込み　その9	≪説明≫	一所懸命説明すれば、メニュー売り上げは伸びる！
080	思い込み　その10	≪人間関係≫	きっと、私は先輩に嫌われていると思います
082	思い込み　その11	≪待ちの営業≫	美容室は基本的に"待ちの営業"ですからね。つらいとこです
084	思い込み　その12	≪お客様の思い込み≫	シャンプーなんて洗えれば何でもいいのよ!!

Chapter 4 第4章 楽しい店販
押し売り店販撲滅！
「楽しい店販」でお店もお客様もバージョンアップ！

知識編

087	PART.1	どうして店販は難しいのか？
090	PART.2	心の動きを感じよう！
100	PART.3	目指せ！　楽しい店販
103	PART.4	2回目の購入が1番大事なんだよ！

実践編

107	PART.1	"楽しい店販"4つの約束
110	PART.2	"楽しい店販"のアプローチは遊園地
116	PART.3	次の日の終礼にて
120	PART.4	アフターフォローには、たくさんの宝が埋まっている

Chapter 5 第5章 モチベーション・アップ
目指せ！　明るく、楽しい、人気サロン！
モチベーションを上げるアイデア12

126	アイデア 1	「アナウンサー部」でございます！
128	アイデア 2	「いい言葉」コレクション
130	アイデア 3	お掃除研究会
132	アイデア 4	「人気講師」養成講座
134	アイデア 5	デトックス・インタビュー
136	アイデア 6	ヒーロー・インタビュー
138	アイデア 7	「コスプレ」の日
140	アイデア 8	「あいさつMVP」は君だ！
142	アイデア 9	「安心」と「ちょっとサプライズ」
144	アイデア 10	「今月のほめマスター」を決めろ！
146	アイデア 11	感謝ねぎらいの「シャワータイム」
148	アイデア 12	「情熱大陸」みたいな私たち

004		はじまり！
008	column 1	こんなきっかけで心理学
034	column 2	美容室とエステティックサロン
060	column 3	幸せになれる"思い込み"を探そうよ
124	column 4	人生のスパイスはアレ！
150		おわりに。／著者プロフィール

COLUMN 1

こんなキッカケで心理学

　私が心理学について興味を持つようになったキッカケの話です。

　昔々、副業として結婚披露宴の司会者をしていました。なぜ司会者を選んだかというと、土日の仕事だったから。サラリーマンだった当時の私には好都合だったのです。そして、何より人前で話をすることが好きだったんですね。でも大変だった…。

　何事もやってみないとわかりません。どのようにはじめたかというと、まず師匠を探しました。私の場合は、自分の披露宴で司会をして頂いた方に弟子入り。そして師匠の担当する披露宴に同行。こっそりテープに録音。それを暗記するまで何度も聞く。そして夜中に一人、練習…。そして師匠からOKをもらい、司会者事務所のオーディションを受けました。

　合格したからといって、スグに仕事はもらえません。式場やホテルからのご指名が必要なのです。ビギナーの私に依頼が殺到することはありません。そんなとき、友人の披露宴で司会をするチャンスをもらいました。腕はないけど、腕だめし。幸い披露宴は大いに盛り上がり、大成功。

　でも、大きな不安が生まれたのです。今回は、私を知っている人がたくさんいた。だから新郎新婦や両親、列席者は「安心」して「楽しむ」ことができたのです。しかし通常は、私のことを知らない人ばかり。若い方もいれば人生の大先輩もいる。肝心の新郎新婦でさえ事前打合せで1～2回会うだけ。しかも、ご要望は「温かくて、楽しい披露宴にしてください！」。無理だと思いました(泣)。師匠に相談すると答えは「慣れだよ！　場数だよ！」と。

　途方にくれた私が注目したのが心理学でした。あらゆる本を読み、セミナーに参加。どうすれば「安心」して楽しんでもらえるのか？　言葉づかいは？　話し方は？　声は？　目線は？　しぐさは？　会場がひとつになるポイントは？　自分の緊張コントロールは？

　学んだことを少しずつ取り入れながら毎回の真剣勝負。2年後にはダントツのご指名と紹介を頂くようになりました。そんな楽しくヤリガイのあった司会業も「パパ、いつもいない。ちゃみしい」と当時2歳の娘のひと言で長期休業。現在は、たまに知人の披露宴でマイクに向かっています。

第1章
プロの信頼感アップ！

あなたのファンが増えていく「とっさのひと言」

無口なお客様にはどう話しかけてていいのかわからない…。
お客様からの突然の質問。美容のプロとしてどう答えたらいいのか…。
はずまない会話。話をどう続けていけばいいのだろうか…。
そんなときにも、そのまま使える「とっさのひと言」を紹介していきましょう。
「言葉がけの方法」をマスターすることで、
「とっさのひと言」がうまく出てくるようになります。
あなたに逢いたくて、お客様でお店に行列ができてしまう、
そんな接客がイメージできます。

Make your Customers Feel More Comfortable!

■とっさのひと言　その1	感覚タイプ別のコミニュケーション
■とっさのひと言　その2	わかってあげる言葉がけ
■とっさのひと言　その3	「前向き言葉」にチェンジする
■とっさのひと言　その4	世界で1番簡単な、お客様に安心してもらえる言葉
■とっさのひと言　その5	お客様のこだわりを聞く
■とっさのひと言　その6	お客様のペースに合わせる
■とっさのひと言　その7	「ほめ技」を磨く①
■とっさのひと言　その8	「ほめ技」を磨く②
■とっさのひと言　その9	「もしも」で聞く
■とっさのひと言　その10	②・6・2の法則
■とっさのひと言　その11	お客様の言葉の意味を明確にする
■とっさのひと言　その12	目は口ほどにモノを言う

第1章イラスト　村越昭彦

Make your Customers Feel More Comfortable!

あなたのファンが増えていく「とっさのひと言」

感覚タイプ別のコミニュケーション

質 問

目を閉じて百獣の王ライオンを思い浮かべてください。
真っ先に思い浮かんだのは次の3つのうちどれですか？

（A）黄金に輝く身体やタテガミ、雄々しい顔つき
（B）周囲を威嚇する「ガオー」という大きな吠え声
（C）百獣の王として誇りや自信、風格

五感はいつもフル稼働！

いかがでしょうか？　ちなみに「心配ないさー！」と『ライオンキング』の雄叫びが聞こえてくる私は（B）の聴覚タイプ。音楽はもちろん、さまざまな音、声、言葉などにとても敏感です。つまり耳から入る情報が最優先。職業ではミュージシャンやアナウンサー、人前で話す仕事、電話オペレーターなどに聴覚タイプが多いようです。

人間は視覚（目）・聴覚（耳）・触覚（肌）・嗅覚（鼻）・味覚（舌）の五感を使い、さまざまな情報を処理しています。例えば、石山さんは短足だなぁ〜（目）。元気な声だなぁ〜（耳）。握手（肌）。どこからか焼鳥の匂いだ（鼻）。うまい！　ねぎま最高！（舌）…と、1日の中でも五感は休むことなく働き続けているわけです。

あなたのクセはどれですか？

さて、この五感は、実はコミュニケーションとしては視覚（目）・聴覚（耳）・全身感覚（体と心）の三感で十分。匂いや味でコミュニケーションは難しい。

そして面白いのは、人それぞれ感覚的なクセがあること。ヴィジュアル人、サウンド人、フィジカル人といった違う人種が存在していると考えてください。外見は同じ人間。でも中身ではまったく違うことがおきている。使う言葉が違う、しゃべるスピードも違う、選ぶ服も違う、感動することも違う、体の使い方も違う、理解の仕方も違う。だから同じ人種が集まれば、あっという間に仲良くなれる。でも違う人種が集まるとイライラしてくる。実は人間関係トラブルの原因の1つはコレ。同じ日本語使っているのにね〜。話が通じてないんですよ。

見分けよう！合わせよう！

見出しメッセージをしっかりと伝えたい。コツは、まず相手の感覚的なクセを見分ける。次に、クセに合わせていく。つまり、お客様がフィジカル人であれば、自分はヴィジュアル人から瞬時にマネして合わせることができるようにすること。まるで鏡みたいに。慣れれば簡単。だって目も耳も体も持っているんですから。

まずは①使う言葉と②話すスピードに合わせてみましょう。では、それぞれの特徴をお伝えします。

さあ、見分けてみよう！

①使う言葉
≪視覚タイプ≫「映像的」な言葉が好き。「イメージ」

【 とっさのひと言 その1 】

最後の仕上がり時のひと言をタイプ別にアレンジしましょう。ポイントは語尾。
これで、ヘアスタイルを何倍にも気に入ってもらえるはずです。

視覚タイプのお客様へ

「いつも以上にかわいく見えますよ」
「とても上品に見られるはずです」

「〜に見えます」「〜見られますね」とかわいくなった自分が
イメージできる語尾でまとめましょう。

聴覚タイプのお客様へ

「かわいいって、言われちゃいますね」
「チャーミングになったと噂になるかもしれませんよ」

「〜言われますね」というように、第三者からほめられるような
言葉が聞こえてくる調子でまとめましょう。

全身感覚タイプのお客様へ

「すごくかわいくなった感じがします」
「スッキリ感が出て、以前より爽やかな印象が増しましたね」

「感じる」というように、全身で実感できイメージが広がるような
言葉で締めくくりましょう。

---

chapter 1　ことば

「見える」「明るい」「カラフル」「眺める」「見通し」など。
≪聴覚タイプ≫「音的」な言葉が好き。「言う・聞く」「理解する」「うるさい」「アクセント」「ビューン」「ドンドン」など。
≪全身感覚タイプ≫「肌的」と「動作的」な言葉が好き。「感じる」「感覚」「使い心地」「熱い」「重い」「しっかりとした」「意味をつかむ」「触れる」「ツルツル」「ふわふわ」など。
②話すスピード
視覚タイプは早口。聴覚タイプは聞きやすいように話す。全身感覚タイプはゆっくり話す。
③商品の選び方
視覚タイプはデザインや色。聴覚タイプは音や評判。身体感覚は感触や使い心地や香り。

簡単トレーニング方法

　簡単なトレーニングをご紹介します。テレビのフリートーク番組を見ながら出演者の「感覚タイプ」を見分ける。話すスピードと使う言葉に意識してトライしてみてください。

Make your Customers Feel More Comfortable!

あなたのファンが増えていく「とっさのひと言」

わかってあげる言葉がけ

質問

次の状況で、お客様にどのような言葉がけをしますか？

いつも元気なオーラを発している常連客のAさんが、「仕事でいろいろあって。私、今の仕事向いてないのかな」と落ち込んでいます。

赤い流星が男泣き

あの日、トナカイは芋焼酎ロックをちびちびとやりながら大粒の涙を浮かべていた。「サンタクロースがいたからこそ、今の僕があるんら」。もう、ろれつは回らない。「あのときの俺はすさんでた。だって鹿と間違えられ、馬に角が生えてるとバカにされ、いじわるな熊は俺の赤い鼻をクイズの回答ボタンとしてピンポン♪ピンポン♪たたき続けた」。くやしそうに大根ぬか漬けを頬張った。「そのときだ、サンタが来たのは。『お前の鼻は素晴らしい。その赤い鼻は世界中の子供たちのために必要なんだ。一緒に来てくれるだろって』。もう俺は力の限り走りまくったさ。生まれ変わった気分でな」。トナカイの夜は更けていく。

誰だって癒しのパワーを持っている

誰かが落ちこんでいるとき。まわりの人が「頑張れ！」と励ます。しかし、これはまったく意味がない。例えばこういうこと。

疲れきった男が誤って深い古井戸に落ちてしまった。幸い、村人が気づき古井戸に綱はしごを下ろした。「さぁ、これにつかまって登ってこい」と叫んだ。しかし、男は登ってこない。古井戸の周りに人が集まりだした。「頑張れ！ 頑張れ！」と励ます。しかし、男は登ってこない。いや、登ってこれないのだ。男は疲れすぎていた。綱はしごをつかむ体力、気力も消えていたのだった。井戸の底では「頑張れ！頑張れ！」と村人たちの声が空しくこだましていた…。

人は自力ではどうしても頑張れないときがあります。そんなとき、そっと手をさしのべ、温かい言葉をかけてくれる存在が必要なのです。「今は頑張らなくてもいいんだよ」「ちょっと休もうよ」。それだけで再び立ち上がるパワーが戻ってきます。「はげまし」じゃなくて「わかってあげる」こと。それだけでいいんです。井戸に落ちた男が欲しかったのは、下まで降りてきて、「お前、疲れちゃったんだよな。俺が上まで連れていくから。とにかくここから抜け出そうぜ！」という、ねぎらいの言葉だったのだと思います。

「理解者ポジション」

すべての人は、自分にとっての理解者を探しています。人生においては、あの人。仕事においては、あの人。これを私は「理解者ポジション」と呼んでいます。もし、美容についての「理解者ポジション」が空いていたなら、あなたが絶対になるべきです。まずは「わかってあげる言葉がけ」をピカピカに磨いておきま

【とっさのひと言 その2】

> **お客様**
> 「仕事でいろいろあってね。
> 私、今の仕事向いてないのかな」

> **あなた**
> 「誰でもたまには、
> うまくいかないときがありますよね」
>
> 7パターンの①と③を混ぜて使うパターン。この後の会話は「そうよね、いつもダメってことじゃないのよね」とお客様が話し始めたら、ひたすら聞き役に徹します。きっと気持ちに変化が生まれるはずです。

しょう。今回は7パターン。ぜひマスターしてください。

①一般化してわかってあげる
「誰でも一度は経験しますよね」
②全体化してわかってあげる
「すべてがうまくいかなと思うときもありますよね」
③部分化してわかってあげる
「たまにはうまくいかないときもありますよね」
④時間化してわかってあげる
「良い時もあれば、悪い時もありますからね」
⑤乗り越え体験をわかってあげる
「以前、同じような事を思ったときには、どのように乗り越えました？」
⑥初心をわかってあげる
「そもそも、どうして今の仕事をすることになったのですか？」
⑦良いイメージを伝えてあげる
「Ａさんは人一倍仕事熱心ですからね」

「わかってあげる言葉がけ」使用上の注意です。まず言葉のメッセージと体からのメッセージはしっかりと合わせてください。言葉は「わかってあげる」なのに、言い方や声の調子が「頑張れ！」になってはいけません。

落ち着いた温かい声で、さり気なく伝えてあげましょう。それだけで勇気100％になる人もいます。もうちょっと聞いて欲しいお客様だっているはずです。そのときは耳を傾けてあげましょう。

Make your Customers Feel More Comfortable!

あなたのファンが増えていく「とっさのひと言」

「前向き言葉」にチェンジする

質問

次の状況で、お客様にどのような言葉がけをしますか？

「**今日はどうされますか？**」と
新規のAさんに優しく微笑むあなた。

「**ショートもいいけど、やっぱりパーマをかけようかな。今のカラーも気に入ってるけど新しいカラーもいいかも。私って本当に優柔不断でイヤになっちゃう**」と
なかなか決まらない、日曜の午後。

ものは言いよう？

「優柔不断」と「好奇心旺盛」。これらの言葉から、あなたはどのようなイメージを連想しますか？

おそらくほとんどの方は「優柔不断」はマイナス、「好奇心旺盛」はプラスのイメージを描かれたはず。しかし、この2つの言葉は「いろいろなことに興味がある」という同じ欲求から生まれています。つまり本質は同じなのです。

裏になったコインをひっくり返すと表になるように、マイナス言葉をプラス言葉に言い換えてみると、相手の短所が長所にチェンジします。

例えば、「○○さんはプライドが高くて困る」は「○○さんは自分に自信がありますよね」に言い換えることができます。また、「△△さんはすごく図々しいんです」は「堂々とした△△さんを見習いたいと思います」と言うことが可能です。これを今回のケースに当てはめるとこんな言葉がけが使えます。

「私って本当に優柔不断でイヤになっちゃう」
「とてもいろいろなことに興味をお持ちなんですね。せっかくお忙しい中お越しいただいたのですから一緒にじっくり考えていきましょう」

優柔不断を好奇心旺盛にやんわりと変換しています。「お見事！」と言いたくなるリフレーム技術です。

短所が大好きなんです！

誰でも自分の短所は知っています。いつも「自分のここがイヤだ」と思いながらもなんとか頑張って生きているのです。しかし、それを他人から指摘されたり、アドバイスされると相手に怒りの感情を持つようになります。なんと自分勝手なとも思いますが、それが人間の習性なので仕方ありません。

「短所」を直していく最も効果的な方法は「長所」を伸ばすことであると言われています。でも、その前にしなければならないことがあるのです。それは短所を「前向き言葉」にチェンジしてしまうことなのです。

取り組むためには日頃から意識してボキャブラリーをコレクションすることです。例えば、

「短気」⇒「素直」
「落ち着きがない」⇒「好奇心旺盛」
「ガンコ者」⇒「意志が強い」
「せっかち」⇒「積極的」
「ルーズ」⇒「おおらか」
「あわてんぼう」⇒「行動的」

【とっさのひと言 その3】

お客様
「私って本当に優柔不断でイヤになっちゃう」

あなた
「Aさんは、いろいろな面を考えて慎重に答を出すタイプなんですね。私も見習いたいですね」

今までBさんは優柔不断である自分が嫌いだったかもしれません。しかし、あなたのひと言でAさんが固く閉ざしていた心を開かせてあげられるかもしれません。いい仕事をしましたね！！

chapter 1　ことば

「自慢する」⇒「自分の意見が言える」
　短所としてイメージされる言葉を見つけたら「前向き言葉」にチェンジしてみましょう。

簡単トレーニング方法

　人間はトレーニングなどしなくても、人の短所を見つけることに関しては、生まれつきプロフェッショナルです。しかし、これではコミュニケーションの達人には絶対になれません。
「相手のよいところを見つけて、伝えてあげることは最高のサービスです」と私はセミナーや研修会でいつも伝えています。長所を見つけることは能力です。生まれもっての才能ではありません。日々の練習により感覚が研ぎ澄まされていくものです。今回は2つのトレーニング方法をご紹介します。
①「○○さんから見習いたいことを、1つだけ選ばなければならないとしたら、それは△△なところです」
②「私は、○○さんの△△なところにありがとうと言いたいです」

　スタッフやお客様の顔を1人ずつ思い出しながらフレーズを完成させていってください。そして素直に相手に伝えてみましょう。思っているだけでは、怠け者なのかもしれません。口を使って、言葉を使って、身体を使って届けてあげてください。きっと喜んでくれるはずです。短所も長所も、その人の大事な個性なのです。

Make your Customers Feel More Comfortable!

あなたのファンが増えていく「とっさのひと言」

世界で1番簡単な、お客様に安心してもらえる言葉

質問

カットの最中、お客様がうれしそうに話を始めました。
お客様の話に対してどのような言葉がけをしますか？

お客様
「そういえば、この間、
　友だちの結婚式に行ってきたのよ」

会話を止める達人

　お客様がはじめた話に対して、話が盛り上がらなかったり、ギクシャクしてしまった経験はありませんか？　また、あなたが誰かに何かを伝えたくて話をはじめたのに、途中で嫌になって止めてしまったことはないでしょうか？
　ここで質問を考えてみましょう。
お客様「結婚式に行ってきたの」
あなた「それは大変でしたね」
お客様「えっ？　別に大変じゃないけど…」
あなた「あっ、いやっ、ご祝儀とか思わぬ
　　　　出費かな〜と思ったんですが…」
お客様「‥‥‥」
　まったく噛み合わない会話。あせっているあなたの背中が想像できます。この後、お客様と会話が盛り上がることはなかったかもしれませんね。
「もう、あなたとは話したくない」。このように相手がストレートに言ってくれれば、素直に謝って関係性を修復することはできるでしょう。しかし、残念なことに、そのような状況はほとんど望めません。気づいたときには、お客様の気持ちは閉ざされている。この状態でお客様と信頼関係を築くことは、かなりむずかしい状況です。

盛り上がらない理由

　相手が話すことを止めてしまいたくなるには3つの原因があります。
①あなたが話を聞いていない
　あるいは聞いているフリをしているが、実は聞いていないことを相手が感じとってしまったとき。
②あなたがはずしまくっている
　人の価値観や考え方は千差万別。その人の言いたいことをピタリと当てることができたら会話は非常に弾みますが、実際はむずかしい。トンチンカンな受け答えは相手の気持を閉ざす原因となってしまいます。
③会話を遮ってしまう
　「私、それ知ってる！」と何でも話に割り込む大人は嫌われます（子供はよくやってますが…）。自分が話しているときに遮られることほど気持ちの悪いことはありません。また、聞いてもいないのにアドバイスを得意気にはじめるのも要注意です。

信頼感を育てる聞き方

　この3つの問題をまとめて解決するのが「おうむ返し」です。そうです、相手の話した言葉をそのまま繰り返すだけのテクニックなのです。すべてを繰り返し

【 とっさのひと言 その4 】

> **お客様**「そういえば、この間、友だちの結婚式に行ってきたのよ」
>
> **あなた**「友だちの結婚式に？」
>
> **お客様**「そうなの。ドレス姿見たら自然と涙が。感動したわ」
>
> **あなた**「感動ですね」
>
> **お客様**「うん。私も早くいい人見つけなきゃ！」
>
> 「この人は、私のことをわかってくれている」という安心感は大きな心の支えになります。お客様が心を開いてくださればば「お客様をもっとキレイにしてあげたい」というあなたの目的が達成しやすくなりますね。

chapter 1　ことば

てしまうと相手をからかっているようになってしまいます。ポイントとなる言葉だけを返すのがコツです。

お客様が自分で言った言葉をそのまま繰り返すと、お客様は「YES」としか反応することができません。「そう、そう、そうなんだよ。嬉しいな～。話をわかってもらえて」と安心して話を続けることができます。実に簡単なことですが、お客様に対し「あなたのことをあるがままに受け入れています」というメッセージを送っていることになるのです。

簡単トレーニング方法

Aさん「先週、旅行に行ってきました」
Bさん「へぇー、旅行に」
Aさん「はい、はじめてハワイに行ったんです。」
Bさん「ハワイか。いいな～！」
Aさん「はい。妻も子どもも喜んでくれて。私の評価もちょっと上がったかもしれません」
Bさん「絶対、上がったね！」
Aさん「はい、ハハハ(笑)」

Bさんは、Aさんの言葉を繰り返しているだけです。Aさんの話を受け止めている印象が強く、Aさんは話の展開がしやすくなっています。

言葉を返すときは心を込めて。「おうむ返し」の練習に最適なのが「さんまのまんま」や「徹子の部屋」などのインタビュー番組。タイミングや言葉のイントネーションなど、相手の気持ちを盛り上げるテクニックが参考になります。

chapter 1　17

Make your Customers Feel More Comfortable!

あなたのファンが増えていく「とっさのひと言」

お客様のこだわりを聞く

質 問

お客様がセット面に座り、あなたを待っています。

あなた「今日はどうなさいますか？」

お客様
「ショートにしようと思うんだけど。どうしようかしら？」

お客様に満足して頂くためには、
この後、どのような「言葉がけ」が有効でしょうか？

手掛かりを探せ！

　人間の身体には365か所のツボがあります。肩コリに効くツボをグイグイッと押してもらったら実に気持ちいいですよね。しかし、ツボというのは不思議なもので、わずか1cmズレただけで気持ちよさは半減してしまいます。

　それと同じようにコミュニケーションにもよく効くツボがあります。「そこです！」とお客様が満足するツボを探すための手掛かりになるのが「お客様のこだわり」を理解することなのです。

心の中のシーソー

　誰もがどこかにこだわりを持って生きています。それを価値観、考え方と言います。例えば、ファッションやライフスタイルについて。仕事、子育て、趣味など、人によってこだわりはさまざま。みんな、それぞれの価値観をもとに自分自身を表現しているのです。

　しかし、これらの価値観を語る機会はあまりありません。でも本来、人間は本能的に誰かに語りたい、理解してもらいたいという強い欲求を持っています。「語りたいけど、語らない」。この封印を解くことさえできれば、成功は目の前です。

封印を解く呪文

　次にご紹介する「こだわりクエスチョン」をするメリットは2つあります。

① お客様の価値観を聞き出し十分に理解してあげることで、語りたい欲求が満足し信頼感が急上昇する。

② お客様の要望を深い部分まで理解することで、ツボをはずさないサービスが提供できる。

　お客様と共に満足できるよう、ぜひマスターしましょう！　では、まず基本形から。

ステップ1

「〇〇さんにとって、☆☆を□□するときに大事にしていることは何ですか？」

　〇〇はお客様の名前。☆☆は、こだわりの対象。ヘアスタイル、ファッション、仕事など。そして□□には、動詞が入ります。決める、選ぶ、する、取り組む、などです。この質問だけで詳しく話してくれる方もいます。

ステップ2

「具体的に言うと？」「例えば？」

　ここから「こだわりの内容」を具体的に聞き出していきましょう。

【とっさのひと言 その5】

あなた
「今日はどうなさいますか？」

お客様
「ショートにしようと思うんだけど」

あなた
「○○さんが、
ヘアスタイルをお決めになるときに
大事にしたいことって何ですか？」

サロンに来店されるお客様は「ショートにしたい」「ロングにしたい」という何となくの方向性は持っています。しかし、その具体的な要望はボンヤリとしていることがほとんどです。お客様が本当に伝えたかったキモの部分を最短時間で理解してあげられるスキルは、今後ライバルとの大きな差別化につながることでしょう。

chapter 1 ことば

使い方の例

冒頭の質問を例にとってみましょう。
あなた「今日はどうなさいますか？」
お客様「ショートにしようかな」
あなた「○○さんが、ヘアスタイルをお決めになるときに大事にしたいことって何ですか？」
お客様「いろいろあるけど…」
あなた「例えば？」
お客様「例えばね、仕事が変わったから朝時間がなくて…」

と、お客様が今まで語りたいけど語らなかったヘアスタイルを決めるときのこだわりを話してくれることでしょう。

また、ある企業の新人研修で、次のように指導したことがあります。
新人　「どんなお仕事ですか？」
お客様「えーっ、まぁー営業の仕事」
新人　「そうですか。お客様が営業のお仕事をされているとき、1番大切にしていることって何ですか？」
お客様「やっぱり、お客様から信用されることかな？」
新人　「例えばどんなことですか？」
お客様「まずアポの時間には決して遅れないこと。それから…」

と、お客様が楽しそうに話をしてくれるようになったので、聞くことに集中できるようになったそうです。

簡単トレーニング方法

周りの人にどんどん聞いてみてください。コツは柔軟な言葉の入れ替え。
例えば、母親には「お母さんにとって、子育てをするときに大切にしていたことは何だった？」。そして気になる異性には「○○さんが結婚相手を選ぶときに1番大事にしたいことは何なの？」など。工夫してみてください。

chapter 1　19

Make your Customers Feel More Comfortable!

あなたのファンが増えていく「とっさのひと言」

お客様のペースに合わせる

質問

本日、初来店の女子高校生。友だちの紹介と言っていたが、見るからに緊張していて、ちょっと可哀想。
これからカウンセリングに入る瞬間、あなたなら何と声をかけますか？

Likeの法則

ご存知のように"Like"は日本語では「好き」という意味。「Love＝愛している」の一歩手前という感覚でしょうか。「あの人は好感がもてる」「一緒にいて疲れない」という人間関係は心地よいものです。

初めて会った人同士が「出身地」「出身校」「所属団体」などが同じであるということだけで、急に親近感が湧いてきたという経験はありませんか？　この「お互い同じ」という状態はコミュニケーションの達人であれば、いつでもつくり出すことが可能なのです。

Shall we ダンス？

「あの人と一緒だとイライラする」と感じたことありますよね。せっかちな人とノンビリな人、細かい人と大雑把な人など、まったく違うペースを持つ人同士が何かに取り組むとギクシャクします。まるで息の合わないダンスのような違和感。このそれぞれが持つ「ペース」に、あえて意識的に合わせる。そして、似たもの同士の状態になる。これが「ペース合わせ」です。

目指せ！　物真似名人

心理カウンセリングの現場においては、カウンセラーは相手と似たもの同士の状態を1秒でも早く築くことに全精力を傾けます。「ペース合わせ」ができれば相手との距離が縮まるからです。

「ペース合わせ」を行うときに使う道具は2つ。あなたの「身体」と「言葉」。

美容室で使える私のオススメの「お客様への合わせ方」をお伝えします。

① 身体の動きにペース合わせ

お客様の身体の動作に合わせます。例えば、話す時に手振りを交えるお客様には、こちらも同じように手振りをしながら話を聞きます。腕組みをする方には、後ろ手にして指を組むなど。意識的に合わせましょう。

② 話すスピードにペース合わせ

話すスピードに注目して合わせて見ましょう。相づちを打つときも、相手のスピードに合わせると、うまくいきます。

③ 呼吸スピードにペース合わせ

「息の合った連係プレー」と言われるように呼吸を合わせることはとても重要。肩や胸での呼吸は浅く早い。お腹での呼吸は深くゆったりしています。よく観察してみてください。

【とっさのひと言 その6】

> **あなた**
> 「○○さん、今、ちょっと緊張してますね？」

> **お客様**
> 「えっ？そうですね。
> ちょっと緊張しているかもしれないですね」

> **あなた**
> 「では、私も緊張します！」

> **お客様**
> 「ハハハハ、受けますね！」

「ペース合わせ」はお客様に『接客の心地よさ』を感じていただくための第一歩。
お互いのペースが合ったなら、次にあなたのプロとしてのアドバイスを十分に受けていただくことが可能になるでしょう。

chapter 1 ことば

④ 信念・価値観・考え方にペース合わせ

「時間には正確に」という方はお待たせしない、というように人それぞれがの考えや信念に合わせます。たとえあなた自身の考え方と違っていても「そうですよね。それ、わかりますよ」と答えてみましょう。

⑤ 感情にペース合わせ

2つの表現パターンがあります。まず "気持ち合わせ"。お客様がウキウキ気分で話しているのに、聞いているあなたがドンヨリ気分ではいけません。笑顔には笑顔で。ションボリにはションボリと。そして "言葉合わせ" を。「そうなんですか」という相づちも感情を合わせ表現すると効果的です。

簡単トレーニング方法

実はここで紹介している「ペース合わせ」は誰もが上手に使っています。例えば、喫茶店のカップル。上手くいっている2人ならコーヒーカップの上げ下ろしのタイミングがほぼ同じ。人間は相手に好意を持つと無意識的に似た者同士になろうとする習性をもっているのです。

「ペース合わせ」が上達するためには、「まず、どんなお客様(相手)にも好意を持つこと」がスタートライン。諦めずに継続していくと必ず上手になり、お客様が頼りたくなる美容師になるでしょう。

Make your Customers Feel More Comfortable!

あなたのファンが増えていく「とっさのひと言」

「ほめ技」を磨く①

質問

いつも無口のお客様。苦手だと言うスタッフも多い。
担当者のあなたに、淡々と「お任せします」と答えたきり。
"もう私に話しかけないで"という雰囲気。
あなたなら、どのような「言葉がけ」をしますか？

スモールトーク志願！

　欧米では、挨拶や会話の始まりに、ちょっとした世間話をすることがあります。これをスモールトークと言いますが、そのときにさりげなく相手をほめ、その後の会話をスムーズに楽しいものにするそうです。誰かにほめられるのは嬉しいことですよね。

進化の扉を開ける

　しかし残念なことに、毎日の生活の中では自分のことを否定されたり、責められたりすることがあります。これは人間の持つ動物本能が犯人。飼い犬や猫が初めての来客を、離れた場所からジーッと観察しますよね。相手の行動を厳しくチェックし、敵か味方かを判断しているのです。
　動物の本能では、自分自身を守るために相手のマイナス面ばかりを見つけるように自動操縦されているのです。「あの人、もうちょっと愛想よくすればいいのに」と相手の短所をすばやく指摘することは老若男女関係なく誰でもできます。これは視点が"欠点にオートフォーカス"している状態。また、「彼女は変わり者だね。僕には理解出来ない」とすぐに"受入れ拒否"してしまうマイナス姿勢も同じです。

ほめフォーカス オン！

　動物本能のおかげで、私たちは残念ながら「ほめよう」と意識しないと、人をほめることはできません。しかし、意志を持ち努力を続けると"ほめる"能力は進化します。「ほめる」を実践すると多くのメリットをもたらしてくれるのです。いくつかを具体的にピックアップしてみましょう。

①常に「よいところはどこか？」と宝物を探すつもりで取り組むと人間観察力がつく。
②ほめフォーカスになると視野が広がり、柔軟に物事を見るようになる。
③自分自身をほめる目も養われてくるのでモチベーションダウンしない。
④どんな言葉でほめるか考えるようになるのでボキャブラリーが増える。
⑤いつ、どこで、どのようにほめることがベストか考えることで人間関係を築いていく力がつく。

　いかがでしょうか？「ほめ技」は手に職をつけるほど財産になるのです。

探検隊、実行開始！

　「ほめ技」は奥が深いもの。今回は何を、どのようにほめるかについてご紹介します。まず何をほめるか。大きく分けると2つあります。

①相手が頑張っていること、こだわっていることを見つけてほめる。

　これは会話の中で相手が口に出していることから見つけ出します。ほめられた相手は大きな自信が

【とっさのひと言 その7】

> **あなた**
> 「今日はカットでしたね。ご要望はございますか？」

> **お客様**
> 「お任せします」（淡々と）

> **あなた** （髪を触りながら）
> 「うわー！すごくキレイな髪ですね。髪の毛の1本1本が健康でツヤがありますね」

> **お客様**
> 「あっ、そ、そう？」（雑誌から顔をあげる）

> **あなた**
> 「はい！○○さんによく似合うスタイルがありますから、ちょっとご説明しましょうか？」

> **お客様**
> 「は、はい」

無理に会話を盛り上げよう、と力みすぎると逆にお客様の口も固くなりがち。イソップ童話の「北風と太陽」の"太陽"のように心を温める「ほめ技」は、お客様の本当の来店の目的を引き出してくれるキッカケになることでしょう。

chapter 1　ことば

湧いてきます。

②**相手が今まで思ってもみなかったことをほめる。**
予想外なほめ言葉は、相手に新たな発見とサプライズを提供することができます。それほどまでに自分を見てくれていた、という感情につながり、あなたに好感を持ちます。

次に、どのようにほめるかですが、代表的なのが「評価パターン」と「反応パターン」があります。

●**評価パターン例**
「キレイな髪ですね」と"事実"を評価する伝え方。「私は○○がとてもいいと思います」という"こちらが持つ感想"を伝える方法。

●**反応パターン例**
「スゴい！」「素敵です！」「いいなー！」などの気持ちを表す短い言葉で表現します。

簡単トレーニング方法

「ほめ技」を上達させるコツは「とにかく口に出すこと」。もう1つが「ほめたいときは素直な気持ちをそのまま伝えること」です。ブルース・リーの映画のセリフに「Don't think! Feel!」（考えるな！　感じろ！）という名言があります。「いいな」「頑張ってるな」「素敵だな」と感じたら、いつでも、どこでも、誰にでも素直に伝えてみましょう。サラリと口から自然にでるようになるまで繰り返しチャレンジです。

chapter 1　23

Make your Customers Feel More Comfortable!

あなたのファンが増えていく「とっさのひと言」

「ほめ技」を磨く②

質問

店長から「お客様をほめるのは美容師として重要なこと」という話があった。
早速、本日最初の常連のお客様をほめようとした、あなた。
しかし、なぜか言葉が出てこない。
顔なじみのお客様をどうほめる？

まずは復習

前のページでご紹介した「ほめフォーカス」で自分の周りにいる人を観察すること。
「それが素敵です」
「それが好きです」
「それを見習いたいです」
「それに感謝しています」

このようなレーダーを常に作動させながら相手と接していると、ほめてあげたい部分が見えやすくなってきます。ほめられることは、人間の最も深い欲求。ほめ言葉を伝えることは相手のこれからの行動を変えてしまうほどの力をもっているのです。

でも言えない。なぜだろう？

「ほめフォーカス」のピントが全然合わない人がいます。まぁ、ひと言でいえば「ほめ下手」。その原因は次の5つが考えられます。

チェック①
「人に対しての評価が厳しくないか？」
自分のことはさておき、他人に対して「こうあるべき、こうでなければならない」と理想を求めてしまう

チェック②
「自分のモノサシが正しいと思ってないか？」
良い・悪い、好き・嫌い、センスなどは人それぞれ。立場が違えば見える景色も違う。自分が最も正しいとは、視野の狭さと同じこと

チェック③
「自分と比べてないか？」
どうしてできないの？　と不思議に思ってしまうとき。これは注意信号。反対に自分ができず、人ができていることを見つけよう

チェック④
「タイミングを計りすぎてないか？」
ほめたことに対しての見返りを求めすぎて時期をうかがっている

チェック⑤
「成果をあげるまで待ってないか？」
相手がゴールに辿り着いたときにほめようとジッと我慢して待っている。プロセス中にこそ、ほめ言葉が励みになるのに。もったいない

この5つに注意して意識的に実行してみると、あっという間に「ほめ上手」に早変わりということです。

剣豪、宮本武蔵の言葉

「我以外、みな師なり」。まさにこの言葉こそ「ほめ技術」の極意ではないでしょうか。

目の前に現れる人はみんな、重要な存在。必ず、何か吸収すべき良いところを持っています。もし、毎回、素直に感謝できるようになったなら達人レベル。自分自身をほめてあげてください。

【とっさのひと言 その8】

> **あなた**
> 「今日、1番最初のお客様が○○さんで、嬉しいです！」
>
> **お客様**
> 「え〜、どうしたの？」
>
> **あなた**
> 「前々からお礼を言わなきゃと思っていたんですよ。私がアシスタントのときから励ましてくれて、スタイリストになれたのも、○○さんのおかげです」
>
> **お客様**
> 「そんな、あなたが頑張ったからよ。私なんて別に何も」
>
> **あなた**
> 「その温かい笑顔が大好きなんです。これからもよろしくお願いします」
>
> 「人間関係は鏡のようだ」とよく言われます。あなたが好意を持てば相手も好意を持つ。あなたが苦手意識をもてば相手も同じ。ならば、毎日、誠実な気持ちでお客様をほめ、感謝を伝えることを習慣にすべきです。「良い美容師は、良いお客様に育てられる」そうですから。

chapter 1 ことば

秘密リストを大公開！

私のセミナーを受講される方にお渡ししている「ほめるリスト」を読者の方にも公開します。
「お客様の○○をほめよう！」の○○を以下の言葉リストを参考に、穴埋めしていくのです。あなたの「ほめフォーカス」はさらに高性能に進化です。
髪質、髪色、容姿、体格、骨格、身体のどこか(目、唇、鼻、爪、etc.)、姿勢、声、印象、服装、アクセサリー、持ち物、靴類、年齢、体力、健康、家族、旦那様、奥様、彼氏、彼女、子供、親、住まい、居住環境、表情、しぐさ、態度、言葉使い、仕事ぶり、勤務態度、人間関係、ライフスタイル、スキル(技術)、センス、特技、性格、能力、才能、知識、教養、職業、役割、地位、学歴、資格、趣味、話し方、聞き方、考え方、価値観、人生観、職業観、努力、雰囲気、テンション、キャラ、存在感、etc

簡単トレーニング方法

先ほどのリストをもとに、「この人の○○が素敵だ(好きだ、見習いたい、感謝したい)な〜」と口に出してみましょう。あなたの周りにいる人だけでなく、テレビや映画、雑誌に出てくる有名人やタレントなど、自分がほめたいと思う部分を探していくのです。ある程度の量の練習をこなすことで、視野がドンドン広がり、相手のよいところをスグに見つけられるようになってきます。ほめ達人へまっしぐらです。

Make your Customers Feel More Comfortable!

あなたのファンが増えていく「とっさのひと言」

「もしも」で聞く

質問

「いつもの感じでお願いね」と言う常連様。
しかし、美容にとって1番大事な要素は「ワクワク感」。
お客様を飽きさせない新鮮な提案は、
期待感を大幅にアップさせるはず。
では、こんなとき何と言葉をかけますか？

『iPod 』vs 我慢

　実に快適！　A社の『iPod』。私はこれで落語をよく聞いています。でも、ずっと購入することをためらっていました。

　ずっと欲しかったのですが、でも、我慢もできたのです。なぜなら、私はすでにCDやMD、ポータブルプレイヤーなどを持っていたからです。

　しかし、フラッと入ったショップで店員さんにかけられた、たったひと言。これですべてが決まってしまいました。

ただいまの決まり手は？

　ちょっと再現してみます。ボーッと『iPod』を見ていた私に彼（店員）が話しかけてきました。
彼「『iPod』をお探しですか？」
私「いやー、見てるだけです。」
　　（あっち行け！　うっとおしい）
彼「そーですか。あの〜、もし、『iPod』があったとしたら、どんな風にお使いになられたいですか？」
私「えっ！　落語ファンなので、ちょっと空いた時間に気軽に聞けたらいいな、とは思いますけど…」
　　（しまった！　イメージが頭の中で…）
彼「こんなに小さいのに12時間分の落語が入るんですよ。」
私「ほ、本当ですか？」
　　（興味120%。もう戻れない）

彼はプロだった

「気になる。でも我慢、我慢」から「絶対欲しい！」にスイッチが切り変わった私。一体、何が起きたというのでしょうか？　それは彼の、この言葉がキッカケでした。「もし『iPod』があったとしたら、どんな風にお使いになりたいですか？」

　この瞬間、頭の中に未来の楽しいシーンが鮮明にイメージされてしまったのです。もし仮に、彼が一方的に商品の説明をまくし立てていたら、その場を去っていたことでしょう。

未来イメージにトリップ

「もし、○○なら、どうなりますか？」
　これを『もしもクエスチョン』と呼んでいます。
　今まで経験がないことでも、イメージの力で、未来を体験させる方法です。1度、頭の中で描いてしまった映像は記憶に残りやすいのです。
　もし、あなたが誰かを説得したいとします。はじめにすることは明確なイメージを持ってもらうこと。それから次に、相手にとってのメリットを伝えていくこと。

【とっさのひと言 その9】

> **お客様**
> 「いつもの感じでお願いね」

> **あなた**
> 「わかりました。ところで、○○さん。
> もし、魔法が使えるとしたら、
> どんなヘアスタイルをしてみたいですか？」

> **お客様**
> 「えっ？　そうね…もしでしょう？
> 何も考えなくていいのなら、前からしてみたいのがあるのよ」

> **あなた**
> 「どんなスタイルですか？」

> **お客様**
> 「それはね…ちょっと恥ずかしいな～（笑）」

「あんな風になりたいな」とイメージすることは楽しい作業。しかし、現実的には「やっぱり無理かも」という不安が。そして期待や希望を押さえ込んでしまう。今日はお客様の本音を、しっかり伺ってみませんか？

最後に、相手が下した判断を確認すること。この手順で大きな成果を獲得した方々を私はたくさん知っています。

店販でも使える

美容師「もし、お使いになるとしたら、このシャンプーと、こちらでは、どちらがよろしいですか？」
お客様「もし、使うとしたらこっちかなぁ～」

こんな感じで店販のクロージングに『もしもクエスチョン』を使うことも出来ます。人間は、決断には大きな抵抗を感じます。しかし、「もしも～」と仮定すれば、抵抗を感じなくなるのです。すすめる美容師にも、受け取る側のお客様にも「押し売り感」のないエレガントなクロージングですね。

簡単トレーニング方法

未来のイメージは楽しいことばかりではありません。例えば「目標を達成できなかったらどうしよう？」という不安感もあります。そんなときは「もし、私が目標を達成したとしたら、自分の中にどのような変化が生まれるだろう？」と変換してみましょう。

このように自分自身との対話の中でも、『もしもクエスチョン』は使えます。お金は一切かかりませんから、どんどんやってみましょう！

chapter 1　ことば

Make your Customers Feel More Comfortable!

あなたのファンが増えていく「とっさのひと言」

②・6・2の法則

質問

可愛く仕上がった本日のお客様。
とても満足気な表情が鏡に映る。
あなた「今日お試しいただきましたトリートメント、お家でも使ってみませんか?」
お客様「ん〜。今回は…ちょっと…」
と下を向いてしまったお客様。さぁ！ あなたのとっさのひと言は?

HELP ME！

仕事をしていて最も嫌な場面。それはお客様から「断られたとき」。重い空気。ひきつり気味の笑顔。頭の中でリピートされる断り文句。そして敗北感。

後味悪い、このやり取りがプチトラウマとなって、あなたを苦しめる。そして、心の中である決断をする。「もう何も提案しない」ということを。

HELP YOU！

でも「本当にそれでいいのでしょうか?」。インターネットで気軽に情報が検索できる現代。とはいえ、美容に関しての情報量は私たちのほうが圧倒的です。サロンまで足を運んでいただいたお客様の中には、プロからのアドバイスやオススメを待っている方も多いのです。
「断る人」がいる。でも「困っている人」もいる。あなたならどうしますか?

実はですね…

あなただけにコッソリとお伝えします。私のセミナーで公開している"②・6・2の法則"。

10人のお客様に商品をすすめたとします。その中で、②人は「すぐに欲しい人」。6人は「欲しいけど購入を先延ばしにする人」。最後の2人は「即答で断る人」というバランスになります。これは、顧客心理による大まかな目安。

10人のうち、2人は確実に購入していただけますが、残りの6人+2人＝8人は購入せず断ることになります。

人生の分かれ道。AかBか?

ちょっとした考え方の違いが大きな差になることがあります。例えば、Aさんは売り上げアップに意欲的な人。「2人は必ず買う」と聞いてムクムクとヤル気が出てきました。なぜなら打率は2割。跳びぬけた数字ではありませんが、プロ野球選手なら1軍登録確実です。

かたや、Bさんは売り上げアップに消極的な人。「8人が断る」と聞いて、トライする前からギブアップ状態。
ここでクイズです。AさんとBさんのどちらがプロだと思いますか?

白か！ 黒か！

結果を出す美容師さんに共通していること。それは「買う」「買わない」、YES or NOをすべてのお客様に必ず確認していることです。黒か白か。グレーは絶対にありません。だから「すぐに欲しい2人」を

【とっさのひと言 その10】

> **あなた**
> 「今日お試しいただきましたトリートメント。お家でも使ってみませんか？」
>
> **お客様**
> 「おいくらですか？」
>
> **あなた**
> 「○○○○円です」
>
> **お客様**
> 「ん～。今回は…ちょっと…」
>
> **あなた**
> 「そうですよね。すぐに決める必要はありませんから（さらりとニッコリ）」
>
> 「先延ばしにしたい6人」に今、決めなくていいんですよ、と伝えると2パターンの反応があります。共感してもらえて安心感を見せる人。そして、迷い始める人。「本当はスグに使い始めたほうがいいんですよね？」と質問されたら、誠実にお答えする。次にしっかりと「使ってみますか？」と確認することをお忘れなく。プロの礼儀というものです。

chapter 1　ことば

確実に満足させることができるわけです。

「わかりますよ。それ！」

次に考えたいのが「欲しいけど購入を先延ばしにする6人」への対策。ここをクリアすると、なんと10人中8人が満足することになります。

断る6人は「欲しい」でも「今すぐに決めない方がいい」と考えています。では、断られた後に何と言えばいいのか？

これを解くキーワードが「共感」です。つまり「すぐに決めないほうがいいかも」という価値観を積極的に認めてあげるのです。「そうですよね。急いで決める必要ないですから…」や、「よく考えてから決めることが1番大切ですよね」と伝えるのです。これで信頼感は急上昇。次回、来店される時にも気まずさはまったく残りません。

今はハネムーン状態

最後に「即答で断る2人」についてですが、私はハネムーン状態の人と呼んでいます。新婚旅行で新しい結婚相手を探している人ってあまりいませんよね。今は十分に足りている。だから断るしかないのです。ちなみに、この人の特徴は目(眼球)がまったく動きません。

一方、「欲しいけど購入を先延ばしにする6人」は目が動きます。なぜなら人間が思考をめぐらすときには目を動かさずにはいられないのです。

ハネムーン状態のお客様は、現状に満足している、今は必要ない、というだけです。他の商品も使ってみようかしら、と思う時が来れば、あなたの話を聞いてくれるのです。いつも即答で断るわけではないのです。

Make your Customers Feel More Comfortable!

あなたのファンが増えていく「とっさのひと言」

お客様の言葉の意味を明確にする

質問

常連のお客様がご来店。開口一番、こんな言葉を…。
お客様「この間の髪型。あんまり評判よくなかったのよね」
あなた「そ、そ、そうだったんですか…」
これはプチクレーム。
瞬間、頭が真っ白になってしまったあなた。
この後、どうする？

バトルは突然に！

休日のある日のこと。
妻「あなた、ちょっと牛乳を買ってきてくれない?」
夫「ハァ〜、どうして君は、いつも、そんなに段取りが悪いの?」
妻「いつもって？ そんなに迷惑かけていないと思うけど!!」
夫「そうかな？ この間だって…」
妻「私が何したって言うの?」
視点の噛み合わない喧嘩。どうしてこんなすれ違いが起きるのでしょう？

ありがとう！ 無意識。でも…

私たちは脳内に記憶された「体験」を、言葉という道具を通して相手に伝えます。体験はすべて「無意識」というハードディスクに記憶されます。
体験した記憶すべてを言葉で伝えようとすると無理が生じます。例えば3時間の体験をすべて伝えるには3時間かかるからです。そのため「無意識」がフィルターをかけ、話をコンパクトにします。
この「無意識」のスリム化作業により、本来3時間かかる話が5分ですむようになるわけです。これでやっとコミュニケーションが可能となります。が、しかし同時に「わかったつもり症候群」も発症しているのです。

なぜ言葉が消えてしまった？

スリム化作業は3つの方法で行われています。
① 省略します！
体験の中から、わずか一部の情報だけが選ばれ、他は省略される。
② 都合のよい話に変えます！
現実を、理解したいようにねじ曲げて加工。都合のよい解釈により、本当の真意は隠れてしまう。
③ これがすべてです！
自分が体験したことが、すべてに当てはまると結論。例外や他の可能性についてはまったく考慮されない。
こうしてポロポロと落ちて消えてしまった言葉たち。しかし、これをちゃんと探し出せば、難事件は見事に解決です。

消えた言葉を探せ！

では早速、捜査対象と捜査方法をお伝えします。
① 消えた比較
「これは高すぎる」「これはよくない」と言われたら、何と比較しているのか質問してみる。
② 消えた名詞
「周りが言っている」「みんながやっている」と言われたら、具体的に誰に言われたのか質問する。

【とっさのひと言 その11】

> **お客様**
> 「この間の髪型。あんまり評判よくなかったのよね」
>
> **あなた**
> 「そうですか。残念ですね。とてもお似合いだったのですが。具体的にはどなたの反応が今イチだったのですか？」
>
> **お客様**
> 「えっ？　い、妹かな？」
>
> **あなた**
> 「そうですか。それでは、今日は妹さんにも認めていただけるように頑張りたいと思います。よろしいでしょうか？」
>
> **お客様**
> 「そ、そうね」

私たちは相手の話を聞いたつもりになっていることがあります。例えば、話の断片を聞いただけなのに「すべてを理解した」と思ってしまう。あと1歩踏み込んで確認することを実践しないがために、思い込みや錯覚、誤解を生み出しているのです。お客様の言葉の意味を明確にすることにこだわる。コミュニケーションの名人を目指すのならはずせないポイントです。

ことば

③消えた思い込み

「私は○○できない、すべきでない、してはいけない」と言われたら、「もし、できたらどうなる？」「あなたを引き止める原因は？」と聞いてみる。

④消えた例外

「いつも、すべて、1度も」と言われたら「本当にいつも？」「すべて？」「1度も？」と確認する。
まるで漫才のツッコミのよう。しかし、これでお客様の気持ちを正確に理解することができるのです。

使用上の注意

しかしながら、この方法をこのまま使うと警察の取り調べみたいになってしまいます。
相手が反対や反論をしたら、まず受け入れてから質問するのです。お客様を理解するために、もっと教えてくださいという気持ちが大切です。

先ほどの夫婦喧嘩の場合。
夫「どうして君は、いつもそんなに段取りが悪いの？」
妻「そうよね。確かに段取り下手。本当にいつもよね。私って…」
夫「いや、いつもそうだというわけではないよ。そんなに気にしないで」
妻「ありがとう。じゃあ牛乳お願いできる？」
夫「あ〜、わかった。行ってくる」
奥さんが一枚上手でしたね。

簡単トレーニング法

まずは、気心がわかりあっている相手と練習してみましょう。何も考えずに自動操縦できるレベルになったらサロンで使い始めます。コツは感情を抑えて客観的に聞くこと。相手も素直に考え、答えてくれるようになります。

Make your Customers Feel More Comfortable!

あなたのファンが増えていく「とっさのひと言」

目は口ほどにモノを言う

質問

あなた「このワックスですと、
　　　　今日のように仕上げることができるんですよ」
お客様「香りもいいですね〜」
あなた「はい。とても上品ですよね。どうですか？」
お客様「そうですね…。どうしようかな…」
お客様は迷っています。
どうする？　どうする？　この瞬間のとっさのひと言は？

合コンではNG！

　突然ですが、合コン経験はありますか？　お見合いは？　それなら初めてのデートを思い出してください。
　これらを成功させる鍵。それは「会話が弾むこと」ですね。絶対に避けたいのは無言です。1分間が1時間にも思えるほどの沈黙。「この間を埋めないと…」と思うほど、頭の中は真っ白、汗がダラダラ。こうなるとアウトです。
　あなたがもし、こんな経験をお持ちなら、「沈黙恐怖症」ですね。

わざと語らない？

　この恐ろしい「間」。私自身も以前は本当に敏感でした。「間」が怖いばかりに、マシンガントークでその場を何とか切り抜け、後で泥のように疲れていたのです。
　しかし、「ところ変われば品変わる」。世の中には、この「間」を自由自在に操っている人たちがいます。
　例えば、一流とされる落語家や俳優。熱烈的ファンは「あの間がたまらない」と嬉しそう。セリフはない。でも何かを雄弁に語っている。そんな名人芸を私たちの仕事に活かせたら…。ちょっと凄いことになりそうです。

最高のサービスを！

　それでは、冒頭の質問を考えてみましょう。
あなた「はい。とても上品な香りですよね。どうですか？」
お客様「どうしようかな…」
　この後、あなたならどうするか？　という質問でした。先に答を言いますと、最も効果的なひと言は「無言」なんです。誰だって「買わされた」と思うのはイヤですよね。自分で「買う」と決めたい。だから、お客様の"考える時間"を邪魔しない。その間は静かに待つのです。「無言で待つこと」は最高の顧客サービスなのです。

ただいま考え中！

　さて、「無言」のあなたは、プロとしてチェックすることがあります。それはお客様の目(眼球)の動き。目が動いていたら「考え中」というサインですので、答を待ちましょう。
　実は、人間って目を動かさずに考えることはできないんです。例えば「んんん…」と考えながら上を見ている。「そうですね…」と静かに目線は下に。「どうしようかな〜」と言いながら左に右にとすばやく動く。
　身近にいる人とおしゃべりしながら、相手の目の

> **あなた**
> 「このワックスですと、今日のようにできるんですよ」
>
> **お客様**
> 「香りもいいですね〜」
>
> **あなた**
> 「とても上品ですよね。どうですか？」
>
> **お客様**
> 「どうしようかな…」
>
> **あなた**
> 「無言…」（優しい微笑み）
>
> **お客様**
> 「じゃあ、使ってみようかな！」

未来が不透明な時代。そのため、多くの方が自信を失ってしまっているようです。私がご相談をいただく、お悩みの第1位も「自信がなくて…」という内容。「自信とは、自分を信じる」と書きます。「根拠がなくても、自分は出来る、大丈夫だ、と何回も信じたらいかがですか？ 自信とは外から与えられるものではなく、自分の中から生み出すものだと思うのです」と。

動きを観察してみてください。本当によく動いていることに改めてビックリされるはずです。参考情報として『交渉人』というアメリカ映画があります。罠にはめられた人質交渉人の心理的駆け引きが見ものです。この中で目の動きに注目したシーンがあります。機会があれば一度、ご覧頂くといいでしょう。

身体は、おしゃべり

最後に注意したいことをもう1つ。それはお客様が考えている間の、あなたの「待ち方」です。

お客様の目だけでなく、あなたの身体もさまざまなメッセージを発しています。例えば、表情、態度、声、目、姿勢。「言葉」よりももっと確かな情報として、あなたの心（本心）を相手に伝えているのです。

待っている間は、「今はあなたの時間です。どうぞ、よくお考えになって決めてください」と心の中で何回も唱えましょう。するとすべてがうまく行きやすくなります。お試しあれ！

簡単トレーニング法

これまでセミナーを通して全国の美容師さんと直接お話して気づいたこと。それは、多くの方が「間の恐怖」に怯えていたことです。

お客様が考えている間は沈黙で大丈夫なんです。はじめは、意識的に練習してみてください。量をこなすと必ずできるようになります。そのうちに、自然と「間」を操るコツが見えてきます。あきらめず実践あるのみです。

COLUMN 2

美容室とエステティックサロン

　私がサロンビジネスに関わるようになったキッカケはエステティックでした。エステは、美顔や痩身といった施術、化粧品やサプリメントなどの物販、この2つが売り上げの柱になります。このあたりは、カットやヘアカラーやパーマといったメニューと、ヘアケア商品やスタイリング剤などの店販がある美容室と同じです。

　ちなみにエステの場合、技術売り上げと物販売り上げの比率が50％：50％になると経営的に安定してきます。これにはわけがありまして「来店理由の敷居」が下がるからなのです。

　何のためにエステサロンに行くのかを考えたときに、「化粧品がなくなりそうだから買いに行かなきゃ！」であれば敷居は低くなります。心の中では、

→化粧品がなくなりそう
→それは困る
→エステサロンに行くのは仕方ない…

となるわけです。けれども、「エステサロンでマッサージしてもらおう」となると、こんな感じで敷居が高くなります。

→あ～そろそろエステに行きたいな
→でも、ちょっと贅沢すぎるかしら
→もうちょっと我慢しよう！

この流れを回避する方法が"コースのまとめ売り"つまり"前払い"なわけです。すると、

→明日はエステ
→今回は気合いれてお金を払った。絶対に結果を出すぞ
→楽しみ！

このようにモチベーションは高く、敷居も低くなるのです。ですから、"商品販売"と"コースのまとめ売り"を頑張っているエステサロンは元気です。

　しかし、何でもかんでも売ればいいというわけではありません。お客様がエステサロンに求めているのはズバリ「結果」。シビアです。

　例えば、「お肌がキレイになった」「くびれがハッキリした」「5歳は若返った」などです。そのためエステティシャンはお客様の肌やプロポーションを"管理する責任"が発生します。お客様が望んでいる結果に向かっての二人三脚。ときにはきびしく、少しでも改善すれば手をとりあって喜ぶ。

　そこまで"管理"するからこそ「結果」が出てくる。そのためならば自信のあるホームケア商品を販売するのは当然のこと。エステティシャン講習のときは必ず「お客様は毎日、サロンに来れないのだから商品をオススメしないのは無責任ですよ！」とお伝えしています。

第2章

接客でそのまま使える「しぐさ」と「表情」

カラダの使い方で差をつけろ!

ときとして、お客様の本音は「言葉」だけではなく、
身体の動き、身ぶりやしぐさ、顔の表情などにも表れます。
ボディランゲージによるサインを読み取り、接客中に使いこなすことができたとしたら…。
ことばだけでなく、カラダを使った「非言語コミュニケーション」の
知識と技術を紹介していきます。
しぐさ、表情、声、足の動き、五感をフルに研ぎ澄ますことで、
お客様に安心感を提供できる。
それは、あなたのさらなる好印象や信頼感の向上につながっていきます。

Nonverbal communication

■やってみるべし	その1	右側に立つか、左側に立つか
■やってみるべし	その2	話す前に触らせる
■やってみるべし	その3	掃除も演出!
■やってみるべし	その4	一体感をつくりだす声のテンポとボリューム
■やってみるべし	その5	「温かい息」と「冷たい息」
■やってみるべし	その6	足の動きが発するサイン
■やってみるべし	その7	姿勢よし=自信あり
■やってみるべし	その8	顔の傾きは意思表示
■やってみるべし	その9	「ウエルカム!」のしぐさと表情
■やってみるべし	その10	接客はドキュメンタリー仕立てで
■やってみるべし	その11	「笑顔」のパワーアップ作戦
■やってみるべし	その12	「OKポーズ」で鏡にニッコリ

第2章イラスト　タケイ・E・サカエ

Nonverbal communication
しぐさと表情で差をつけろ！

右側に立つか、左側に立つか

やってみるべし その1

セット面ごしで、お客様と話をするとき。
お悩みを聞くときにはお客様の左側に、
ご提案するときには右側に立つべし。

ダイエットにヒントあり！

「もうヤバイ、ダイエットしないと…」。なんて思うと気になりだす、折込チラシや雑誌広告、テレビ通販。サプリメントやエクササイズマシン、痩身エステetc…。そんな広告の中でも定番とも言える「体験者の声」。特に、使用前・使用後と、いわゆる"ビフォア&アフター"の写真には、ついつい引き込まれてしまいますね。

ビフォア写真を見ながら「うわぁ～、大変だったのね～」なんて思い、アフター写真を見て、「すごい！　私もこうなれるのね～」と根拠なき自信が湧いてくる。と、ここで今回の本題に入ります。

注意して見て欲しいのは、それらの写真のレイアウト。どれもビフォアは左側、そしてアフターは右側にありませんか？　反対にレイアウトすると、何か気持ち悪さを感じます。これ、どうしてなんでしょうか？

脳みそに聞いてみたら！

あなたの頭の中にある「脳みそ」。年中無休の働き者です。起きているときには、「お客様の顔を覚える」「メニュー料金を計算する」「似合うヘアスタイルが閃く」「昔の失恋を思い出す」などなど大活躍。そして寝ているときには、「体温の調整」「内臓を働かせる」「夢を見る」などいろいろやってくれています。一体全体、どういう仕組みになっているのでしょうね？

「左脳」と「右脳」というコトバを聞いたことがあると思います。「左脳」は膨大な記憶の貯蔵庫。これまでの思い出や、言葉、知識などがファイリングされています。一方、「右脳」はイメージやアイデアをつくり上げるアトリエのような働きをしています。つまり、「左脳」には過去から今日までに抱えていた悩みや不満がストックされているので、ダイエット前の写真は左側に。「右脳」では、未来への希望や成功したイメージが、鮮明な絵のように想像され、頭の中に映し出されています。だからダイエット後の写真を右側に配置すれば、見ている人のイメージが刺激されやすくなるのでした。

スイッチ切り替え装置

では復習します。"左脳"は「悩みや不満などを蓄積する記憶貯蔵庫」。そして"右脳"は「未来をクリエイトし、イメージを作成するアトリエ」ですね。この知識を毎日のサロンワークの中で活かす方法はあるのでしょうか？

カウンセリングするときに「お客様のお悩みは左脳にありますから、よく思い出してくださいね」なんて言

やってみるべしその1

うと、ちょっと怪しい（笑）。それよりも、お客様の目の動きに注目です。

相手が何かを思い出そうとするときは左上に目が動きます。目が左脳にある記憶にアクセスしているのです。逆に、右上に目が動くときは右脳にアクセスして、どんなヘアスタイルになるのかを想像しています。

これはアメリカの心理学者グリンダーとバンドラーが開発した神経言語プログラミング（NLP）と呼ばれているものです。

では、自分でちょっと体験してみましょう。目の動きを意識してください。
■質問①
「今まで、1番喜んでくれたお客様の笑顔を思い出してみてください」
■質問②
「美容師として5年後の自分はどうなっていますか？」
どうです？　動くでしょう？

では、現場で実践。そして反省

ということは、お客様の記憶の中にある悩み。それを引き出しやすいようにサポートするために、左側にいればよいわけです。お客様は当然、セット面に映るあなたを見ながら話をします。当然、目は左上。左脳に自動アクセスです。だから、無理なく悩みを語りやすい。

逆に、どうなりたいか？　などの希望を聞くときや、それを実現するプラスメニューや店販商品などを提案しているときには、アフターの自分をイメージしやすくなるように右側に立ち、右脳へのアクセスをサポートしてあげるのです。お客様の目が右上に向いていることをあなたは意識してくださいね。「どうしてなんだろう？　○○さんとだと話しやすいんですよね〜」とお客様から言われたら、合格です。気軽にチャレンジしてみてください。

chapter 2　しぐさと表情

Nonverbal communication

しぐさと表情で差をつけろ！

話す前に触らせる

やってみるべし その2

> 店販商品の説明をする前に、
> 商品を何げなくお客様に手渡し、
> 触らせるべし。

金持ちストーリーは突然に！

　ある楽しい休日。街を散歩しながらフラッと本屋に入り、何げなくフロアをまわっていた時、目に飛び込んできたインパクトのあるコトバに足が止まる。思わず手にとってしまった本のタイトルは『簡単！確実！たった1日で1億円を手に入れた秘密の方法』。「嘘だろう？本当かよ？」と疑いながらも、期待はヒートアップ！　目を輝かせレジに直行、御会計。頭の中では「1億円！ 1億円！」と小気味よいビートに心も踊る。

　さて、いかがでしょうか？

　このよくある光景に、サロン店販をお買い求めいただくためのエッセンスが詰まっています。

「当たり前」こそ大事に！

　「ん？ これ、なんだろう？」と目の前にあるものに"興味"が湧いたら、まずは『手』に取りますね。これは人間の絶対的な行動パターン。そして『手』にしているものに、さらに興味を持つかどうかは、五感をフル稼働させて品定めしていきます。

　例えば、
①視覚→デザインや形状などの見た目
②聴覚→説明を聞く、試聴する
③触覚→触り心地、重さ軽さ
④嗅覚→香り
⑤味覚→試食、試飲

　この五感をフル稼働して、好きか嫌いか、欲しいか欲しくないかをジャッジしているのです。

　例えば、私の母（67歳）がミカンを買うとき。
①「このミカン、色もきれいだけどどうかしら？」
　（見る・視覚）→興味
②「大きさも丁度いいじゃない」
　（手に取る・触覚）→ジャッジ中
③「甘いし香りもいい。これに決めた」
　（試食・味覚＆嗅覚）→決断
　　　　　　──と、このような流れですね。

こんな話もあるんです

　『手』の動きは、さまざまなメッセージを伝えてくれます。例えば、人前で話をしているときに、自分の髪や身体を触っている人を見かけます。これは緊張、不安の現れなのです。

　以前、あるサロンの店長さんから「会議で誰も発言しなくて困っている」と相談を受けました。私のアドバイスは、会議中に「渡されたぬいぐるみ

やってみるべしその2

chapter 2 しぐさと表情

を持ちながら、自分の意見を話す」でした。

結果は上々。全員から積極的な意見が出て、活発な会議が出来たそうです。その理由は簡単なことなのです。人間は何かを手に持っていると、ちょっとリラックスできるのです。もちろん危険や害のないものですよ。毒ヘビやダイナマイトは持たせないでくださいね(笑)

では、現場で実践。やるべし！

まず、お客様にオススメしたい店販商品の説明をする前に、その商品を何気なく手渡しましょう。ポイントは「何気なく」。
「あっ！ そうだ！ ○○さんにお見せしたいのがあるんです。これ、うちで1番人気なんですけど、○○さんの髪にもスッゴクいいですよ」
　　　——と何げなく自然な感じで手渡す。

お客様が受け取ってくれたのなら、それは多少なりとも興味がある証拠。

下記のメリットが確認できます。
① 興味がありのサイン
② 興味があるので説明をしても嫌がられることがない
③ リラックスした状態で説明を聞いてもらえる
④ 「手に取るようにわかる」という言葉どおりに、使用シーンをイメージしやすく、使ってみたくなる
⑤ 「手に入れる」という言葉どおりに、欲しい気持ちが高まりやすい

そして、自然に何げなく、商品が手の中にあるホットなうちに「1度、使ってみませんか？」と、大事な最後の仕上げもお忘れなく。

"手渡す・触らせる"という単純な身体の使い方ですが、これだけでもかなりの効果が期待できます。

ぜひ、気軽にチャレンジしてみてください。

Nonverbal communication

しぐさと表情で差をつけろ！

掃除も演出！

やってみるべし その3

> チョットの時間も店内磨き、掃除も演出。
> お客様は忙しそうなサロンに、
> 安心を感じ、来店する。

Like a Rolling Stone！

　実は人間は「光っているもの」と「動いているもの」に魅力を感じます。生きとし生けるものは、止まっているものより、動いているものが好き。例えば、猫の前で、猫ジャラシを動かすと目を輝かせて遊び出します。

　また、テレビを見ていて「目が離せない」番組はスポーツ中継や場面展開が速い映像だったりします。その反面、流れの悪くなった川は水がドロッと緑色になり嫌な臭いがします。

　つまり、「止まる」ということは「死」や「腐っていく」などのマイナスイメージを感じさせるのです。

　これは商売も同じで、A店は暇そうなスタッフが1人ボーッと立っている。B店はスタッフが忙しそうに動いている。私なら絶対にB店を選んでしまいます！

アンチ・パチンコ男が…

　最近、家の近所にパチンコ屋さんがオープンしました。私はパチンコにまったく興味がなく他人事だったのですが、今は心の中で応援しています。その理由は、店員さんが時間を見つけては、お店の周りだけでなく町内をせっせと掃除しているのを見かけたからなのです。

「地域の皆様に愛されるお店です！」と言葉では簡単に言えます。でも、本音かどうかは「行動（＝動き）」を見ればすぐにわかってしまうものなのです。

こんな話もあるんです

　以前、あるサロンの女性美容師から「あれもこれもやらなきゃ、と焦っているのにヤル気が出ず、何も進まない」と相談を受けました。そこで、「今日、家に帰ったら台所かトイレを掃除してみて！」とアドバイスしました。

　後日、彼女からのファックス報告には、「台所をキレイにしたら他も気になって部屋全部を掃除しちゃいました！　すごく気持ちがいいです。今はサロンを掃除しまくっていますよ！」とありました。

　これは、まるでニュートンの慣性の法則。「止まっている物は、ずっと止まっている。動いている物は、ずっと同じ速さで動き続ける」。初めの1歩を踏み出すことができたなら、大きな成果をつかむ可能性が広がってくるということです。

では、現場で実践。やるべし！

　繰り返しますが、今回のテーマは「動き」。それも「掃除で動いているところを見せること」にあります。

やってみるべしその3

しぐさと表情

　サロンは、お客様が理想の自分に近づくための夢空間ですから、キレイで気持ちいい場所であるべきです。

　もし、あなたのお店が路面店の1階で店内が丸見えだとしたらラッキーです。お客様がたくさん入店しているところ、お客様がいないときは、店内を掃除しているところを見てもらうことができます。

　また、サロン名がプリントされたTシャツを着て町内をニコニコしながら掃除してみると、地域の方々の見る目が変わってくるかもしれません。

　このように「掃除を演出すること」のメリットをまとめると、

①外から見て、スタッフがせっせと掃除をしていると「この店、暇そう〜」と敬遠されないで済む
②掃除＝キレイの連想で、この店は美へのこだわりがしっかりしているというイメージングができる
③店内の見栄えを常に気にするクセがつくと、スタッフ同士がペチャクチャ話す状況をつくり出さずに済む
④ワゴンに並べられた物が整理整頓され、磨かれていると仕事がはかどる
⑤掃除を始め、動き出すことで慣性の法則にスイッチが入る
⑥「やらされ掃除」が、「すすんで掃除」に変わると、仕事への意欲が高まる
⑦細かいところの掃除や磨き作業を繰り返し、こだわりを持つことで、サロンの施術がきめ細やかになる

　　　　　　——などなど、様々な効用が考えられます。サロン全体で「掃除を演出しよう！」と取り組むだけで、もう一石何鳥かわからないほどのメリットがあります。ぜひ気軽にチャレンジしてみてください。

Nonverbal communication

しぐさと表情で差をつけろ！

一体感をつくりだす声のテンポとボリューム

やってみるべし その4

> 心地のよい一体感をつくるには、
> まず相手の声のテンポと
> ボリュームに合わせるべし。

もう、やめてくれ！

「鶴と亀と〜ぉのぉ〜♪　祝い〜ぃ」
　よくある披露宴での1コマ。先ほどから、親族の伯父様（60歳代）が気持ちよさそうに熱唱している。が、私は非常に気持ち悪い。新郎新婦もまゆ毛ピクピク。両家ご両親は脂汗。来賓者も金縛り。
「ま、ま、まさか、信じられな〜い?!」
　今だかつて誰も経験したことがないほど、カラオケの演奏と歌がズレまくっているのだ。すでに2番の演奏が終わろうとしているのに伯父様は、やっと1番を歌い終わった。一体、何小節遅れているのだろうか？　結末はアカペラか？　そんな会場全体の不安を嘲笑うかのように、伯父様の声はバカデカイのであった（泣）
　突然だが場面は変わる。
　ワールドカップ・日本対オーストラリア戦。サッカー場のサポーターはもちろんのこと、テレビの前で応援している日本中の声が「ニッポン！　チャチャチャ！　ニッポン！　チャチャチャ！」と小気味よいテンポに揃っていく。何と気持ちのよい、この一体感。素晴らしい！「ズレてない」って、何て安心で幸せなのだろうか。

お客様はミュージシャン

　「セッション」という言葉をご存知ですか？　ミュージシャンが各々の楽器を持って集まり、譜面なしで演奏が始まり、お互いの息とフィーリングが1つになる。そして、素敵な音楽が生まれていく魔法の時間。私たちにだって、お互いの「声」を使えばセッションができ、魔法の時間をつくりだすことができるんです！

こんな話もあるんです

　音楽の好みは人それぞれ。16ビートのダンスナンバーが好きな人、しっとり演歌が好きな人。聴き方も、ヘッドフォンで大音量が最高という人や、さりげないBGMにこだわる人…と人それぞれ。それと同じで、「声」の使い方も違いがありますよね。具体的に言うと、話すテンポが速いorゆったり、声が大きいor小さいと、特徴があります。
　先日、私のセミナーに出席した女性アシスタントさんから、こんな実践報告がありました。
「私は、話すテンポが速く、声が大きいタイプです。これまでは自分と逆タイプのお客様は苦手だったんですが、早速、お客様のタイプに合わせて、意識して、ゆったりしたテンポで落ち着いた声で話し、聞きまし

やってみるべしその4

chapter 2 しぐさと表情

た。そうしたら、たくさんのお悩みをお聞きできて、店販が売れました。ヤル気アップです！」

どうです？ 彼女の名セッション。きっとお互いが魔法の時間だったのでしょうね。

では、現場で実践。やるべし！

これはまさしく、心理カウンセリングでいう「ペーシング」という手法です。相手が無意識に行っているさまざまな所作に、こちらが意識的に合わせていく。そうすることで、相手との一体感をつくり出すことができるようになるのです。

と、このように書くとなんだかむずかしく感じますが、カンタンに言えば相手のマネをするということです。

今回は「話すテンポのスピード」と「声の大きさ」の2つを相手に合わせる練習をしてみてください。慣れると自然にできるようになり、そうすると、こんなメリットがあるかもしれません。

①お客様との一体感が生まれ、信頼関係をつくるキッカケができる
②テンポを探り、声の大きさを調整することでお客様の話をよく聞ける
③緊張気味やモジモジしているお客様に相談しやすい雰囲気を与えられる
④相手に合わせるように集中してみると、自分以外の人間を受け入れやすくなり、視野が広がっていく
⑤あの人にまた会いたいという、あなたのファンが増える

などなど、いいこと盛りだくさんです！「楽しい会話」とは、話の内容そのものよりも、お互いを思いやりながらのキャッチボールが出来るかどうかではないでしょうか？

まずは気軽に試してみてください。

Nonverbal communication

しぐさと表情で差をつけろ！

「暖かい息」と「冷たい息」

やってみるべし その5

> 相手と話すときには、
> 自分の声の"温度"を意識し、
> 常に『温かい息』で話すべし！

カンタンな実験

今日は騙されたと思って次のお題に、まずはチャレンジしてみましょう。
［お題その1］
自分の名前を大きい声で言いなさい。
「石山 薫！」
はい。言えました？　では次のお題。
［お題その2］
自分の名前を息を吸いながら言ってみてください。
「イスゥーッ、スッ？　言えるかっー！」

ハハハ、無理ですね。もし、明瞭に言えた方は人間ではないですよー。

人は、息を吐きながらしか、声は出せない。言われてみると、当たり前です。

では、普段から「息の吐き方」についてどのくらい意識しているでしょうか？　今月のテーマは、ここに大きな意味が隠されているのです。

注目！ 息の温度

さて、「息の吐き方」について、ちょっと思い出してください。例えば、目の前の美味しそうなラーメン。当然、熱い。食べる前に「フーッ、フーッ」と冷まします。

では別の場面。手袋を忘れた寒い朝。かじかんだ手を少しでも暖めるために「ハァー」と息を吹きかけませんか？　このように、私たちは「冷たい息」と「温かい息」を無意識に使い分けできます。それでは、次に、これらの息に言葉をのせてみるとどうなるか？

まずは、あなたの愛している人を想像してください。そして、心を込めて「愛してる」と言ってみてください。このときに、手のひらを口の前に置いて、息の温度を確かめましょう。では、どうぞ（恥ずかしいですけど）！　どうですか？　「温かい息」でしたね。

それでは、最後の実験。お互い冷め切っているカップルをイメージして、「私たち、いい加減、もう終わりにしましょう」と言ってみましょう。マイナス100℃の「冷たい息」。寒いですね〜。

こんな話もあるんです

人って本音を話すときには「温かい息」になり、建前を話すときは「冷たい息」になります。

これをサロン現場で使いこなしているスタイリストさんからこんな報告が。

「石山さんの講習を受けて、自分の観察力が格段にアップしてビックリ！　先日、カウンセリングで、新規のお客様にご希望をお聞きしていたとき、冷たい息な

やってみるべし その5

chapter 2 しぐさと表情

のに気がついて、温かい息で『○○様が、本当に満足できるヘアスタイルを実現することが私の役目ですから、何でもよいので教えてくださいね』と言ったら、一瞬驚いた表情をされた後に、『実は、前々から挑戦してみたい髪型がある』と話していただけました。それからは温かい息で会話できました！」

このように、自分の伝え方だけでなく、相手の話の聞き方までレベルアップしているのです。

では、現場で実践。やるべし！

不思議なもので、「温かい息」で話をしようと意識すると優しい顔になります。逆に「冷たい息」で話をしようとすると、怖い顔に大変身。だから、お店が忙しくなってバタバタしだしたら、「冷たい息」で言葉を発していないかを自己チェックしましょう。

あと、お客様の話をお聞きするときの相槌も。「温かい息」で「はい」「ええ」。はじめのトレーニングとして最適ですよ。

では、メリットをまとめます。
① 「温かい息」に言葉をのせると、自分の気持ちが相手に伝わりやすくなる（例：大好き、これ凄くいいですよ～、本当にお似合いです、などなど）
② お客様の声を聞き、話の内容だけでなく息の"温度"も観察することで、本音か建前かを見極められる
③ スタッフ同士のコミュニケーションにおいても、「温かい息」で伝えることを心掛けると、感情的にならず、大人同士のやりとりが出来る

店内にいるスタッフ、そしてお客様の「温かい息」で包まれる。そんな心がポカポカになる地域1番店を目指して頑張りましょう！

chapter 2　45

Nonverbal communication

しぐさと表情で差をつけろ！

足の動きが発するサイン

やってみるべし その6

> お客様と話しているときは、
> 不安や緊張のサインを見逃さないため、
> 足を観察するべし！

名探偵ダッカール登場！

ロンドンの人気ヘアサロンで事件発生。全世界の美容師の憧れ、時価10億ポンドとも言われるダイヤモンド・シザースが何者かに盗まれたのだ。

オーナーの親友でこれまでに難事件を見事に解決してきた名探偵ダッカールも捜査に参加。今日は朝から、従業員や店に出入りする業者と面談をしている。

「ところで、ミスター・ウィッグさん。昨夜の11時頃はどちらに？」

「ああ、その時間でしたらバーでビール飲んでいました。マスターとサッカーの話で盛り上がりました」

「そうでしたか。では、もう結構ですよ。ご協力ありがとうございました」

そして、夕方。全員との面談を終え、名探偵ダッカールがこう言った。

「ミスター・ウィッグが怪しい。コーム警部、彼の尾行をお願いします」

事件は解決。ミスター・ウィッグを逮捕。彼の裏の顔は窃盗団幹部だった。

ダッカール探偵の観察眼

「いやー、お見事。でも、どうしてミスター・ウィッグが怪しいと思ったんです？」

コーム警部が興奮気味に聞いてきた。

ダッカールはニヤリとこう答えた。

「犯行時間のアリバイを確認したとき、彼だけが足首を交差させたのです。人間は不安や恐怖を感じたときは防御します。腕組みはその典型です。彼は盗みのプロ。顔や手がそのようなサインを出さないように演技できた。でも、足だけは本音を語ってしまった。脳から1番遠いところにある足には意識が届きにくいのです。ほら！ 今、コーム警部は足組んでいないでしょ。興味津々だから身体が前のめりになって足が開いているんですよ」

今、あなたが足を組んでいたら、それはこのような話を無防備に受け入れず、自分の中でよく考えてから判断しようというサインなのです。

こんな話もあるんです

例えば、あなたが道を歩いていて、500円玉が落ちていたら拾いに行きますよね？ 逆に、ドーンとウンチが落ちていたら避けて通りますよね。

足は、「取りに行く」「避けて逃げる」という2つの心理的働きをしています。

私はこれを、セミナーや講習会の休憩を入れる大

やってみるべしその6

まかな目安にしています。
　つまり、「興味津々、面白い」と思っているなら足を組んではいません。逆に、「ちょっと解らない、疲れた、休みたい」となってきたら足を組みはじめるのです。
　整理すると、「手足を組む、足首を交差させるしぐさ」は、"不安、恐怖、緊張などから自分を守るためのバリアの役目"をします。でも完全否定ではなく、「とりあえず聞いてみよう」とか「ちょっと考えさせて」という場合もあります。

では、現場で実践。やるべし！

　明日から現場で役立てるためには…
①カウンセリング中に、お客様が足を組んだままでいたり、足首を交差しているとしたら不安、緊張のサイン。お客様はまだ本音を話していないかもしれません。
　質問をたくさんして、言いやすい雰囲気づくりを。また親身になって一緒に解決策を考えましょう

②店販やプラスメニューの提案をしたとき、足を組んだら、ちょっと構えています。
　「とりあえず聞いてみよう」「考えながら聞いている」というサインですからあせらず、お客様に合わせた魅力的な提案をしていきましょう。
③シャンプーしているとき、足首が交差していたら不安を感じています。安心していただけるように言葉がけをしていきましょう。
④ヘアカラー、パーマでの放置時間中に足を組んで雑誌を読んでいるときは、「今は1人にしておいて」というバリア。ただ、まったくほったらかしを望んでいるわけでもありません。声をかけるときは、深呼吸し、"温かい息"をつくってから穏やかに言葉をかけましょう。
　以上の4点に気をつけてみましょう。観察眼を磨きまくって、お客様の本音を誰よりもわかってあげられるサロンを目指して頑張りましょう！

chapter 2　しぐさと表情

chapter 2　47

Nonverbal communication

しぐさと表情で差をつけろ！

姿勢よし＝自信あり

やってみるべし その7

お見送りするとき、
お客様の立ち姿を見ながら、
自信レベルをチェックするべし！

先輩、もしかして恋愛中…？

「あの〜、もうそろそろ3時間ですよ」
　鳥子先輩にショッピングに誘われたから、付いてきたはいいけど。鏡の前で1人、ニヤニヤと自分の世界。早く終わんないかな〜。「猫夫！これどう思う？」って自信満々の顔で聞かれたら「カワイイと思います！先輩にピッタリですよ」としか答えられねぇじゃん。そういえば、今日の先輩、姿勢がやけにいい。いつもはちょっと猫背気味なのに、胸張ってお腹引っ込めて、まるでファッションモデルみたい。新しい彼氏でもできたのかな？
　後輩、猫夫の予想通り、鳥子は明日、新しい彼氏と2度目のデートの予定。その立ち姿から容易に想像できたのだった。

リハーサルは入念に！

　クジャクにとって春は恋の季節。この頃になるとオスクジャクは綺麗な羽を広げて、メスクジャクにアピールします。
　一方、人間はいつでも恋の季節。素敵な異性の前では魅力的に見せたい願望を誰もが抱いています。そのアピール方法を、よ〜く観察すると、みんなに共通する動作があるんです。
　それが「姿勢」。胸を張って、お腹をへこませ、背筋が伸びる。歩き方も健康的で勢いがあります。「私こそ、あなたにふさわしい相手です」と身体を使って非言語のアピールをするのです。この動作は本能で無意識に行われます。そして、目の前に相手がいないときは鏡の前で自己チェック。魅力的な自分を見せるための予行練習中なのです。

こんな話もあるんです

　昔はよく学校の先生から「姿勢を正しく」と授業中に注意されました。特に武道の世界では厳しく叩き込まれます。
　「姿勢」とは書いて字のごとく、姿に勢いがあるということなのでしょう。
　立ち姿の綺麗な人、カッコイイ人は、やっぱり魅力的に見えるものです。
　あるサロンではファッションショーでのモデルウォーキングを練習しています。初めは自分流のなじみ深い姿勢で歩いていますが、トレーニングを重ねると誰でも颯爽と歩くことができるそうです。
　サロンでの歩き方と立ち方にこだわることはお客様から魅力的に見られる第1歩かもしれません。結

やってみるべしその7

構、お客様は見ていますからね。

では、現場で実践

　ここまでを振り返ります。人間は魅力的に見られるように「姿勢」で、男性らしさ、女性らしさをアピールします。

　鏡に映る自分の姿をチェックしたりして、いつか来るだろう本番にそなえて予行練習をします。

　そして、さらに自分の魅力アップが期待できそうなものを手に入れたときや、イメージが膨らんだときにも、アピールチェックをするのです。ショッピングの後など、家に帰って鏡の前で1人ファッションショーをした経験がありますよね？

　以上をもとに観察眼を鋭くして接客にあたりましょう。

　例えば、このような使い方があります。

①お客様のビフォア・アフターをチェックする。来店したときの姿勢はどうだったか？ そして、仕上がりを確認してもらいフロントやレジ前で料金を支払うときの姿勢はどうなっているか？ そのとき、アピール姿勢になっていたら本日の仕事は大成功です！

②次に、お見送りのときお客様の歩き方もチェック。颯爽とした歩き、背筋がピンと伸びていたら、もう完璧！

③セット面で座って、施術中にお客様の姿勢がよくなってきたら、「これは期待がもてそうだぞ〜」と思い始めたサインです

④あなたもサロンでの歩き方や立ち姿を何回もチェックしましょう。お客様に「あの人みたいになりたい」と言われるような、よいお手本になれると信頼感アップにつながります

　しぐさや表情はボディランゲージです。相手のサインを読み取ることで、自分が相手にどのようなサインを送っているか、どのように行動するべきかを、気づくことができます。ぜひ、やってみるべし！

chapter 2　しぐさと表情

Nonverbal communication

しぐさと表情で差をつけろ！

顔の傾きは意思表示

やってみるべし その8

> お客様の話を聞くときは、
> 軽く首をかしげながら、
> うなずくべし！

この店から逃げたい

「ご注文はお決まりですか？」
って、この居酒屋ヤバイぞ。店員全員パンチパーマ、剃りこみ、タトゥー、特攻服。それなのに店内は普通の客で溢れかえって大盛況。
「お客様。今夜はどのような気分でお酒を召し上がりたいでしょうか？」
って、パンチ店員が小首かしげて笑顔。俺が答えるのを待ってるじゃないかっ！
「えっ？ そ、そうですね。久しぶりに友人と会ったので、お互いの近況報告しながら、ゆっくり飲めればいいな〜と」
「そうですか。お食事はお済みですか？」
「いや。まだです」
「それでは、生ビールで喉を潤してから、当店人気の芋焼酎はいかがでしょうか？ お値段は手頃ですが、とても美味しいですよ。今日は、活きのいいお刺身もご用意できますが？」
「じゃあ、それでお願いします」
って、あれ？ このパンチ店員、話しやすいぞ。どうしてだ？ この店当たりかも！

パンチ店員にKO！

「正しい話の聞き方とは？」と質問されたら、どのように答えますか？ いろいろとあるでしょうが、私は「相手の本音や伝えたいことを引き出すこと」と答えます。
　今回のパンチ店員の場合は、質問上手。それに加えて、"小首を左右どちらかに軽くかしげながらうなずく"という「聞き方」も心得ていました。
　このポーズは、「あなたに興味があります」とか「あなたに従います」というサインなのです。「あれ？ 何だろう？」というときには顔を横に傾けますね。そして、このとき片側の首がグーッと上に出てきます。「どうぞ、噛んでください」とドラキュラに大サービスするみたいに。ちょっとだけ顔を傾けるだけで、相手に「私は無抵抗で安全です。あなたの話をもっと聞きたいのです！」というメッセージが伝わっていたのです。

こんな話もあるんです

　小さい女の子の写真を撮るとき。「はーい、1番かわいいポーズお願いします！」と言うと、「ニコッ」としながら首が左右どちらかに傾くから不思議です。
　また、広告、CM、ヘアカタログなどのモデルさんの顔は、顔が傾いて、笑顔で、歯が見えていることが

やってみるべしその8

chapter 2 しぐさと表情

多い。

実は顔の傾きでノンバーバル(非言語)・メッセージがしっかり相手に伝わっているのです。例えば、顔がまっすぐの場合は「中立、ニュートラル」。アゴが突き出す場合は「挑戦的、優越感」。ぜひ、チェックしてみてください。

では、現場で実践

今回のテーマは「話の聞き方」。顔の傾きのノンバーバル・サインを2つの方法で使います。①あなたがお客様の話を聞くとき(メッセージ送信)。②お客様があなたの話を聞くとき(メッセージ受信)。これらを頭に入れて、お客様のお悩みやご要望を聞くとき。そして、お客様に提案するときに活用しましょう。
① カウンセリングの場面。お客様にまず質問。それから聞く。そのときは、小首を軽くかしげて、歯が見えるような優しく包み込むような笑顔で話しやすい雰囲気を演出しましょう。施術中の会話でも、お客様が話をしているときには同じように
② 次に、あなたがお客様に提案するときはお客様の顔の傾きをチェック
- 顔がまっすぐになっていれば黄信号で「中立」。まだ、あなたの提案に賛成か反対か決めていません
- 顔が傾いて笑顔になれば、青信号。あなたの提案に大賛成!
- 逆にアゴを突き出すようなしぐさだと赤信号。ご納得頂けてないようです。すぐにフォローの言葉を投げかけましょう

メールのやりとりみたいですが、ノンバーバルメッセージの送受信が、常日頃からスムーズに行われるように感度を磨いておきたいものです。お客様の言葉、しぐさ、考え方。この3セットを理解できれば鬼に金棒。ぜひやってみるべし!

Nonverbal communication

しぐさと表情で差をつけろ！

「ウエルカム！」のしぐさと表情

やってみるべし その9

サロンにいるときは、全員が高性能レーダーにスイッチオンするべし！

緊急事態発生！

「ウィーヨン！　ウィーヨン！　緊急事態発生。緊急事態発生。全員配置につけ！」
　けたたましくサイレンが鳴り響く。
わがBK特捜隊の世界に誇る高性能レーダーが何かをキャッチしたようだ。
　発生現場の映像が作戦本部にある大型ディスプレイに映し出された。
「あっー、放置中のお客様がキョロキョロしているぞ。石山隊員、至急現場に向かえ！」と隊長の指示が飛ぶ。私は疾風のごとくお客様のもとに直行した。
「お客様、どうされましたか？」
「別の雑誌が読みたいのですが…」
「確か、いつも『美容と経営』をお読みでしたね。最新号が届いていますよ」
「あら？　覚えていてくれたのね」
「はい。もちろんです」
やったぜ！　グッジョブ！

見てる？　見てない？

　あなたはお客様を目で見ています。でも、ただ見ている人と、ノンバーバル・サインを見逃さないように見ている人では、お客様の満足度に途方もない差が出てくるのです。
　その違いは、"高性能レーダー"をスタッフが持っているかどうか。
　今回は、このレーダーの搭載方法をお伝えします。やり方は、とてもカンタン。次の3つの言葉をいつも唱えながら、意識してお客様のことを見るのです。
①あなたのこと見てますよ
②あなたのこと知ってますよ
③あなたのことわかってますよ
　①をすれば、今まで見落としていたかもしれないお客様が発しているサインが見えるようになります。
②をすれば、お客様の名前を覚えることができます。
③をすればお客様の好みがわかってきます。
　ちゃんと、見てる？　知ってる？　わかってる？　ぜひ、この機会に今までを振りかえってみてください。

こんな話もあるんです

　サロンでは、さまざまなキャラクターのスタッフが働いています。例えば、自分をアピールすることが上手な人。常に注目を集めるタイプ。逆にあまり自分をアピールしない人だっています。アピールしないタイプは、普段、周りの目にとまることは少ない。

やってみるべしその9

chapter 2 しぐさと表情

しかし、ある店長が1日、"高性能レーダー"を意識してその人の働きぶりに注目してみました。すると、人が嫌がるような面倒な仕事も黙々と、確実にこなしてくれている。

今まで気づかなかったことに反省し「君がいてくれるから、他のみんなが安心して仕事ができるんだ。いつもありがとう」と声をかけました。その人の目には涙が浮かんでいたそうです（泣）。

では、現場で実践

さぁ、今からレーダーにスイッチオン！ 電源の入れ方を復習します。
① あなたのこと見てますよ
② あなたのこと知ってますよ
③ あなたのことわかってますよ

これらの言葉をいつも唱えながら、お客様を見て、即反応、即対応しましょう。

例えば、こんな使い方もあるはずです。
① スタイリスト編。カット中、自分を指名してくれるお客様が来店されたら、手を止め、お客様とアイコンタクトをかわし、立礼で「いらっしゃいませ」と挨拶をする
② アシスタント編。以前から来店されているお客様の名前を覚える。その方に施術に入るときには、「○○様、以前から笑顔がステキな方だと思っていました。私、△△と申します。今日はよろしくお願い致します」と挨拶する
③ 自転車で来店されるお客様。寒い日に来られたら、まずは温かい飲み物やホットタオルなどをサービスする
④ 少し手が空いたときは、必ず店内をレーダーする習慣をつけるとスタッフ同士の私語などがなくなりお客様の印象もアップする

実は、レーダーの感度を高めるようにしていくと、お客様に「Welcome！」のノンバーバル（非言語）サインを自然に送っていることになるのです。

ぜひ、やってみるべし！

Nonverbal communication
しぐさと表情で差をつけろ！

接客はドキュメンタリー仕立てで

やってみるべし その10

サロンの中を、証拠で埋め尽くし、
存分にアピールすべし！

一撃、必殺

「あ〜疲れた〜！」と1人暮らしのマンションに深夜、仕事から帰宅したOL明子（31歳）はテレビのリモコンを手にしスイッチオン！

深夜の化粧品の通販番組。なんとなく見ていたが、劇的に肌がキレイになったという使用者コメントに引き込まれる。

しかし、その反面「本当かな〜？」と疑念が湧いた。その瞬間！白く、透明感がありツルツル肌の女性社長が登場し、「私の肌が証明です！」と胸を張る。

気づくと明子の指は、注文のフリーダイヤルをプッシュしていた。

ハイ、まいりました。降参です。

お客様の頭の中は忙しい

セールスアプローチを考えるときの大前提。それは『お客様はあなたの言っていることを信じない』ということです。

「欲しい」「使ってみたい」「いいかも」と心が動いたときに、必ず不安がもれなくセットで付いてきます。

ですから、最終的に売り上げにつなげていくには、お客様の不安を取り除くことが必要となります。

そのために用意しなければならないのが"証拠"。しかも、"証拠"は語るだけでなく、お客様に見せなくてならない。ノンバーバルだけど雄弁に語りかける圧倒的な"証拠"。「この商品を使うと髪がキレイになります」⇒その"証拠"は？「このメニューをするとダメージが消えます」⇒その"証拠"は？ お客様は頭の中で、いつも証拠を求めているのです。

こんな話もあるんです

私は毎週、電話コーチングというサービスを提供しています。その中の相談内容ベスト3が、①指名数アップ、②客単価アップ、③やる気アップ。

客単価を上げたいというスタイリストさんからこのような相談がありました。

リーズナブルなトリートメントメニューと高価なトリートメントメニュー。どうしても高価なメニューをオススメすることが出来ないとのこと。そこで私は、「ところで、あなたの髪はお客様がうらやましがるほどキレイですか？」と質問しました。答は「自信がありません」でした。

これは大チャンスです！本当に高価なメニューで自分の髪がキレイになるか試してみればいいからです。そうすれば自信が持て、自分自身の髪を最高の

やってみるべしその10

chapter 2 しぐさと表情

アピールツールにすることができるのです！

では、現場で実践

まずやること。それは"証拠"集め。
① お客様直筆の体験談とニッコリ写真
② ビフォア＆アフター写真
③ スタッフの体験談＆写真
④ 自分の体験談＆写真
⑤ 自分自身で証明する

1つのメニュー、1つの商品についてこのような証拠を集めましょう。

次に、お客様に目で見てもらえるように具体的な形にまとめましょう。
① "証拠"をクリアファイルに入れ、施術前のお待ちいただいているときに雑誌と共に置いておく。そのときに、お客様が思わず手にしてしまうようなタイトルをつけておく（例：持ち出し禁止！ これはスゴイッ…！）
② 放置中にも"証拠集"を見ていただく。しかし、このときにお渡しするのは「ホームケア」バージョンの内容にする。前もって情報をインプットしていただくことで、店販アプローチがスムーズに
③ 商品、メニューをアプローチするときに、説明とパウチしたビフォア＆アフター写真を見せる（注：許可済の写真）
④ そして自分自身。髪がキレイだったり、健康的だったり、スタイリングが決まっていたり、自信満々だったり、と全身で"証拠"をアピールする

あなたは、今までノンフィクションやドキュメンタリー番組を見て感動したことありませんか？ ドキュメンタリーはさまざまな"証拠"を集めた、世の中で最も説得力にある手法です。ドキュメンタリー仕立ての接客。ぜひ今すぐトライしていきましょう！

chapter 2　55

Nonverbal communication

しぐさと表情で差をつけろ！

「笑顔」のパワーアップ作戦

やってみるべし その11

あなたの笑顔。"内側"と"外側"を、ピッタリ合わせるべし！

私には出来なかった

「どうして、私を指名してくださったのですか？」
　以前、結婚式の司会業をしていた私は、披露宴の打ち合わせのときに、新郎・新婦に聞いてみたのです。
「司会者リストの写真の中で、石山さんの笑顔が1番自然だったからです」
「笑顔が自然ですか？」
「はい。他の方々はいかにも営業スマイルで、私たちが求めている人ではなかったんです」
　営業スマイル？　それってどういう笑顔なのか、写真を再度確認しました
　自分の写真を改めて見直してみると、普通にただ笑っている。隣りにいる友だちみたいです。他の方々は、口角がキュッと上がっていて、コレぞ笑顔の見本！という隙のないニコニコでした。早速、鏡の前で真似してみましたが私には出来ませんでした。だってねぇ…。

表と裏。左と右

　今回のテーマ「笑顔」は、"内側"と"外側"があります。これをピッタリ合わせることが大切です。そうしないと強烈な違和感が発生してしまうのです。
"外側"→「笑顔」
"内側"→「緊張」
　もしこうだとしたら、相手は居心地の悪さを感じてしまいます。私は断言します。
「外側だけの笑顔は害である」
　なぜなら笑顔には2つの特徴があるからです。
①笑顔は周りに伝染しやすい
②笑顔はこだまのように返ってくる
　ドンドン広がっていく笑顔。自分に返ってくる笑顔。それならポカポカした温かい笑顔を発信していかないと大損です。
　では、どうしたら"外側"と"内側"がドンピシャの笑顔になれるのでしょうか？　実は、ものすごく簡単なトレーニング方法があるんです。

自分を楽しむことが秘訣

　それでは『石山式！　太陽（たいよう）の法則』を公開しましょう。
[た] は、楽しい〜
[い] は、いいねぇ〜
[よ] は、よかった〜
[う] は、うれしい〜
　例えば、鏡の前で「楽しい〜」と温かい息で言いながら笑顔になってみます。
　最初は誰もいないところで練習することをオススメ

やってみるべしその11

しぐさと表情

します。何十回も繰り返していると、なぜか楽しくなってくるから不思議です。そうなったらしめたもの。

次に、頭の中で「楽しい〜」と思いながらニコッと笑顔になれたら100万ドルのスマイルはもう目の前！同じように、[い][よ][う]もマスターしましょう！

では、現場で実践

赤ちゃんを見ると「かわいい〜」と笑顔になる。最高に美味しい料理を食べたとき「おいしい〜」と笑顔になる。

これこそが"無条件の笑顔"。目を閉じて、そのときのことを思い出してみましょう。

この経験、これこそがあなたの財産。いつでも"無条件の笑顔"を思い出せるようにイメージトレーニングを繰り返します。そして現場で応用してみましょう。

①お客様が来店。「いらっしゃいませ」と言いながら、心の中で「来てくれてうれしい〜」と念ずる

②お客様に「こんにちは」と挨拶しながら、心の中で「会えて、たのしい〜」と"内側"から気持ちをアップ

③お客様からヘアスタイルについて、雑誌の切抜きや要望を聞いたときは、「それ、いいねぇ〜！」とワクワクする

④お見送りの場面。「ありがとうございました」と言葉がけしながら、"内側"で「よかった〜」と繰り返す

最後にもう1度、繰り返します。"内側"と"外側"がピッタリ合った"無条件の笑顔"は伝染していきます。

あなたが笑顔を発し続けるだけで、店内が少しずつ温まってくるのです。「楽しいところはモチベーションが高い。モチベーションが高いところは売り上げも高い」。ぜひ『太陽の法則』を試してみてください！

Nonverbal communication

しぐさと表情で差をつけろ!

「OKポーズ」で鏡にニッコリ

やってみるべし　その12

> 言葉を超える最高のメッセージ。
> それは、あなた自身のエネルギー。
> 「OKの姿勢」で最高の美容人生を歩むべし。

パワーをもらい発電する

落ち込む。へこむ。悲しくなる。そんな気持ちになるのが人並みに月1.5回ほど。復活するためによくお世話になるのが深夜のDVD鑑賞。お気に入りは、ロビン・ウィリアムス主演の『パッチ・アダムス』(1998年)。実在する医師の物語です。ボーナストラックにパッチ本人のショートインタビューが収められています。「私の病院で働くスタッフにはこの5か条を要求する。幸福、楽しさ、愛、協力、創造性。この5つが満たされた環境では、いずれ病は癒される」

僕は手帳の1ページ目にこの言葉を書き、時間があれば必ず読み返しています。そして、自分の"心構え"を整え、鏡に映る自分に向けて「OKポーズ」をします。親指と人差し指で○をつくると、身体の中心からパワーが湧いてくる。「そうさ! 僕はOKだ」。

思考と身体を合体

自己啓発系の本では「プラス思考」の大切さを説いています。「思考」は大事。さらに、思い(心)と身体が一緒になると、無理だと思っていたり、面倒だと逃げていたことができるようになる。こんなミラクル体験はありませんか？ このときの身体を「OKの姿勢」と呼んでいます。

やり方は簡単。まず、親指と人差し指で丸をつくる、いわゆる「OKポーズ」に。そして、鏡に向かってニッコリ。できれば力強くうなずきましょう。この動作があなたを「積極的な気持ち」に導いてくれるスイッチです。

はい！ では早速、やってみましょう。はじめは、動作と気持ちをつなぐ回線が開通していませんが、毎日繰り返すと、高速回線でサクサク作動するようになりますよ。

メリットしかない

いかがですか？ とにかく実践が大事です。なぜなら人は「NOの姿勢」をしてしまいがちだからです。
・私はこれが苦手
・私にはできない
・私は失敗したくない
・私はやりたくない

本当は、やってみなければわからない。なのに最初からあきらめる。「NOの姿勢」はパフォーマンスを下げるので、よい結果は生まれません。逆に、「OKの姿勢」はメリットばかりです。
①体調がよく健康的になる

やってみるべしその12

chapter 2 しぐさと表情

→前向きな気持ちは背筋を伸ばします
② 魅力が増し、人がよってくる
　→幸せオーラに人はあやかりたいもの
③ 創造性と芸術性がアップ
　→自信が生まれ頭の回転もキレがよくなります
④ 売り上げも自然に上がる
　→前向きで魅力的なあなたにお客様は信頼アップ

では、現場で実践

「やるべき価値があることは、いつもはじめは困難に見える」。パッチ・アダムスの言葉。やってやれないことはない。やらずにできるわけがない。この言葉を信じ、「OKの姿勢」で毎日の仕事に取り組んでみませんか？　例えばこんなふうに。
① 仕上がりをお客様に確認するときに、「OKポーズ」で、お客様にも自信と幸福感をおすそ分け
② お客様が今までにしたことのないヘアスタイルにチャレンジするときには「OKポーズ」でお互い楽しむ
③ 思ったように成長していけない後輩を愛し「OKの姿勢」へ導く
④ サロン内が、いつも最大エネルギーになるようにお互いが「OKの姿勢」で協力し合う
⑤ どんな仕事に取り組むときも「OKの姿勢」で自分の創造性を信じる

　さて、質問です。ノンバーバル（非言語的）・コミュニケーションは何のためにあると思いますか？
　私は、大切な相手に「価値」を提供するためだと思っています。その価値が、あなたの輝かしいキャリアを育てる"種"となることを心からお祈りいたします。

chapter 2　59

COLUMN 3

幸せになれる"思い込み"を探そうよ

"思い込み"とは愛すべき存在である。例えば、昔の私。「思いこんだら試練の道を〜♪」という歌詞を、「重いコンダラー」だと思っていた。『巨人の星』の主人公・星飛雄馬がグランドの土ならしに使う円形のコンクリートをゴロゴロ引っ張る道具の名前なんだろうなと。

天気予報のお姉さんの「今日は台風一過の晴天です！」は「台風一家」だと思ったのも、きっと私だけではないはず。どれがお父さんで、なにがお母さんで、子供たちはどこにいるんだろう？と疑問だった。無邪気な子供の"思い込み"は可愛い。さらに"思い込み"は大人になっても興味深い。

以前、スーパーで「猫の缶詰ありますか？」と聞かれた店員が、「猫の缶詰ならいろいろご用意しております」と自信満々に答えた。ツナ缶の品定めをしていた私は一瞬、三毛猫やシャム猫やアメリカンショートヘアーなどの猫がギッシリつまった缶詰を想像してしまい、おかしくなった。正しくは「猫用の缶詰」だ。

私の母親は来客があると、お腹いっぱいになって帰ってもらわないと気がすまない。それが誠意であると"思い込んでいる"。確かにそうかもしれないが、しまいには、昨夜の晩御飯の残りや冷蔵庫の奥で忘れ去られたような珍味まで「これ食べるかしら？」とニコニコしながら持ってくる。私の友人は、「おまえの家に行くと食べ殺されるから一食抜いていく」と警戒する。ダイエット中の人にとっては天敵そのものである（笑）。

ところが世の中は微笑ましい"思い込み"ばかりではない。例えば、人間関係のトラブル。自分の"思い込み"のほうが正しいのだ、とゆずりあえないことが原因のひとつ。さらに自分のパワーを、まるで吸血鬼のようにチュウチュウ吸い取っていく"マイナス思い込み"は指名手配だ。最も気をつけなければならない。

「私はダメな人間だ」「自分はこうでなくては許せない」など、この他にもまだまだ吸血鬼はいるが、早くニンニクと十字架を用意して心の中から追い出そう！

そして「もっとお客様に喜んで頂くためには？」とニヤニヤしよう！　眉間のしわがゆるみだしたら、春の日差しのようなポカポカした"プラス思い込み"があなたの体を包んでくれる。やっぱり笑顔が一番ですよね！

第3章
「思い込み」から抜け出そう！

Get free of your prejudice!

目指せ「接客No.1」！

お客様の考えや意見と、美容師側の考えや意見は、
必ずしも同じとは限りません。
むしろ、違っているだけでなく、正反対の場合すらあるのです。
やってはいけない、すすめないほうがいい…などといった「思い込み」は、
伸ばせるはずのあなたの接客の力を押さえつけているかもしれません。
「思い込み」から抜け出して、サービス業を極めてみませんか？
そう、「接客No.1」は決して夢ではないのです！

■思い込み	その1	店販	店販品をすすめると失客しそう…
■思い込み	その2	電話	お客様に電話？　嫌がられるだけでしょう(涙)
■思い込み	その3	売り上げ目標	売り上げ目標は期待と気合と勢いで決めてます！
■思い込み	その4	頑張ること	どうせ、自分なんか頑張ってもダメだと思う…
■思い込み	その5	料金	料金が高くなると、お客様に申し訳ないと思います…
■思い込み	その6	話題	私は口ベタですから、お客様との会話に悩みます。胃が痛い…
■思い込み	その7	売り上げ	売り上げと思いながら、お客様と接している自分が嫌になるときがあります
■思い込み	その8	再来店(リピート)	来店周期は3か月ですから、そろそろですね…
■思い込み	その9	説明	一所懸命説明すれば、メニュー売り上げは伸びる！
■思い込み	その10	人間関係	きっと、私は先輩に嫌われていると思います
■思い込み	その11	待ちの営業	美容室は基本的に"待ちの営業"ですからね。つらいとこです
■思い込み	その12	お客様の思い込み	シャンプーなんて洗えれば何でもいいのよ!!

第3章イラスト　楠　伸生

Get free of your prejudice!

思い込みから抜け出そう！

思い込みその1　店販

「店販品をすすめると失客しそう…」

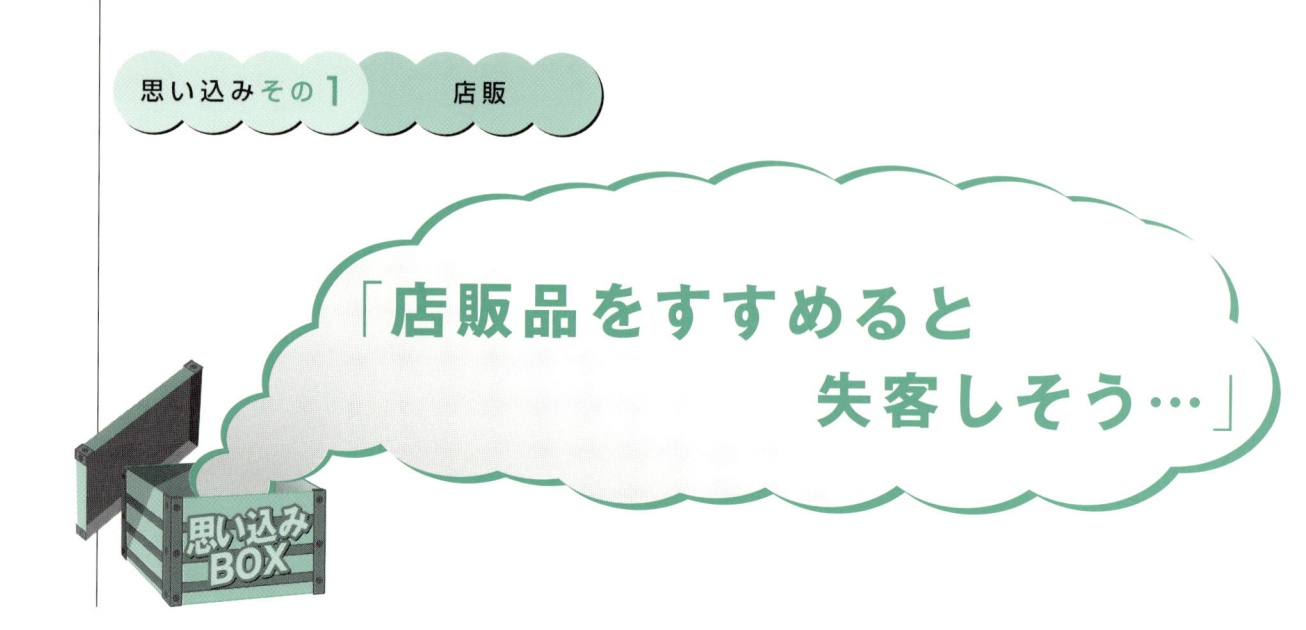

思い込みBOX

ある日のエピソード

「私、このまま消えてもいいですか？」この場をなかったことにできませんかね。さっきまで、あれほど和やかで楽しかった時間はどこへ？「私、美容室でいろいろオススメされたくないの…。ごめんなさいね」ってお客様。店販品は高いし、お客さんが嫌がるのは当然かも。商品を買ってもらおうと粘ったら、そのお客さんが次から指名してくれなくなった、と先輩も言ってたし。やっぱり美容室は技術がウリ。指名が減るくらいなら店販やらないほうが利口かも。

「あなた」と「石山」さん

あなた：石山さん。店販品をすすめると、お客さんは減るんですよ。
石　山：そうかもしれませんね。
あなた：そうじゃないの？
石　山：ではお聞きしますが、これまで店販品を喜ばなかったお客様は1人もいませんでしたか？
あなた：そんなことはないです。今でも買い続けてくれるお客様だっていますけど。
石　山：喜んでもらえるお客様もいるのですね。
あなた：まぁ、そうですけど。
石　山：そういうお客様は、店販品をおすすめしてくれることを待っていたのではありませんか？
あなた：商品を気軽に手にとれないなら、こちらから話しかけるしかないですよね。
石　山：もし、店販品に興味のあるお客様が、美容師から何もおすすめされなかったら、どんな気持ちになるでしょうね？
あなた：がっかりでしょうね。
石　山：次回もそのサロン行こうと思いますかね？
あなた：思わないかも…。店販品をすすめないと失客することもあるかも、ってことですね！

「石山」さんが解説する

最初に、この章のテーマである「思い込み」について解説しましょう。

例えば、彼氏の浮気が原因で別れることになった彼女。その後、「男なんて信用できない」と思うようになりました。ある1つの例から世界中のすべてがそのようになっていると解釈し、思い込むことを心理学では「一般化」といいます。その場を納得させるために思考が働くのですが、1度思い込むとその考えからなかなか抜け出せなくなる、という副作用も持っています。「思い込み」は、ときに人の行動を縛り、成長や幸せの実現を阻むことがあるのです。もし、苦手だと思い込んでいたことが、そうではない

思い込み その1 店販

と気づけたら。世界が大きく変わるはずです。「思い込み」を解除するためには、方法があります。
例えば、
①まず例外を指摘する
②今までの「思い込み」に疑問を投げかける質問をする
③今までの「思い込み」は真実ではないことを認めてもらう
④新しい「思い込み」を提案する
⑤新しい「思い込み」も存在し、機能することを認めてもらう

以上です。前記の「あなた」と「石山」さんのやりとり。実はこの流れになっていますからもう1度ご覧になってくださいね。
※詳細は「第4章・楽しい店販」をお読みください。

~店販心得3か条~
一、
店販とはホームケア。すなわち家でのお手入れをサポートすることなり。思い通りに再現できず困っていたり、あきらめている人が実は大勢いるのだと気づくべし。
一、
「店販＝押し売りセールス」ではなく、「店販＝お客様へ自分の髪をもっと大事にしてほしいという想いの伝達」であることを腹に落とすべし。
一、
人は売り込まれれば逃げる。しかし、自分のことを心配してくれているのだとわかったときには対話が始まる。説得しようとすれば失客し、一緒に考えてあげようとすれば増客する。常に自戒すべし。

chapter 3 思い込み

chapter 3　63

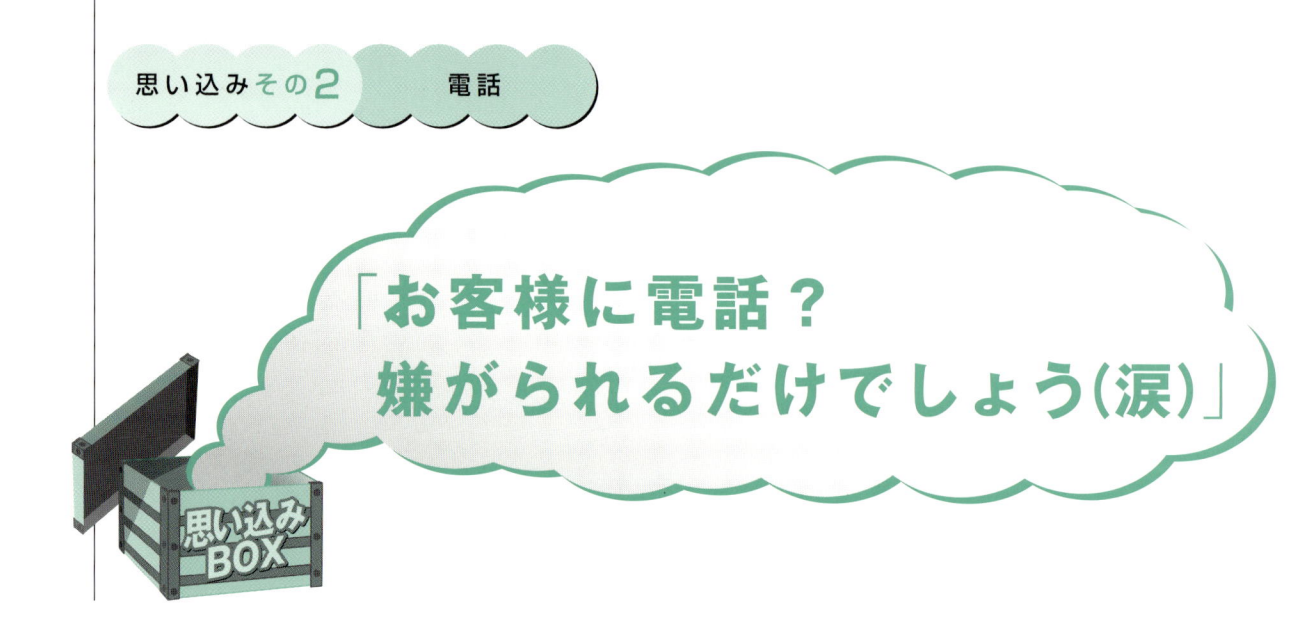

Get free of your prejudice!
思い込みから抜け出そう！

思い込みその2　電話

「お客様に電話？
嫌がられるだけでしょう(涙)」

今、忙しいので！

「もしもし。お忙しいところ申し訳ありません。来月、トリートメント割引のキャンペーンがありまして、そのお知らせで…。あっ、はい…、スイマセン。申し訳ありません。大変失礼しました」

これで80件目。もう嫌だ。お客様を怒らせているだけのような気がする。

「ごめん、今ちょっと忙しいから…」って。

私、心も身体も冷えてきたみたい。でも、あと20件。あー憂鬱。でも頑張らなきゃ！ 昨日、お母さんから、

「何か変わったことない？　元気でやってる？」

って電話が来たし、心配かけないようにしないと。でも…、電話つらいな～。

「あなた」と「石山」さん

あなた：石山さん、今日は電話ですか？
石　山：そうです。電話は好きですか？
あなた：お客様への電話はどうしても抵抗が…。
石　山：それは、セールスの電話をしなければと思うからじゃないですか？
あなた：えっ、でも電話の用件は、ズバリ"ご案内"しかないですよ。
石　山："ご案内"というのは、こちら側が伝えたいことがあるから聞いてくれ、という一方的なメッセージですよね。
あなた：確かに、そうですね。
石　山："ご心配"ならどうでしょうか？「あなたが今、どういう状態なのか知りたいから教えてくれ」という、先ほどのお母様の電話のような。
あなた：なるほど。気にかけてもらえるなら、悪い気はしませんね。

「石山」さんが解説する

"ご案内電話"の場合、お客様は必要がないなら断らなくてはなりません。お客様も気を使います。だから嫌がられます。

これが"ご心配の電話"ですと相手に負担をかけることはありません。なぜなら、お客様が今、思っていることを話せばよいのですから答えやすいのです。

お客様の来店3日後に「先日はご来店ありがとうございました。いかがでしょうか？　何か気になることはありませんか？」という電話をしてみるとします。

もし"気になること"があれば、解決してあげれば喜ばれます。特になければ「気になることがありまし

思い込み その2 電話

何か気になる事はありますか？

たら、お気軽にご連絡ください」と言えばいいのです。

　このようなアフターフォローを心理学では「ストローク」といいます。相手の存在を認めるような、さまざまな働きかけのことを指します。"愛"の反対感情は、"無関心"。お客様のヘアスタイルにいつでも関心を持っていることを行動で示しているのが"ご心配の電話"というわけです。お客様に嫌がられるからと"無関心"でいるよりも、メッセージが伝わるのです。

～電話の心得3か条～
一、
電話は、ハサミと同じ道具。どう使うかが腕の見せどころ。嫌がられる"ご案内電話"はしない。普通のテンションで"ご心配電話"に徹し、再来率を上げるべし。
一、

急に電話をするから、営業と勘違いされる。電話することを前もって言っておけば、アフターフォロー・サービスと思ってもらえる。自分のすべての行動を価値あるものに変えていくべし。
一、
日本には古くから言霊という言葉がある。声と声を交わす電話は最強だが、ビギナーは"ご心配文章"で郵送物やメールから始めよう。お客様の存在を大切に思っているメッセージを伝えるべし。

●

あなた：アフターフォローの電話かぁ。相手の都合を考えると電話しづらいけど、"何時頃ならいいですか？"と前もって聞いておけばいいかも。

石　山：いかに相手に嫌がられずに接触回数を増やしていくか？　これが来店間隔の短縮や、紹介を増やしていくポイントなんです。

あなた：むずかしく考えすぎていたかも。

石　山：○○について何か気になることはありますか？　と聞くだけです。

あなた：よーし、やってみます！

chapter 3 — 思い込み

chapter 3　65

Get free of your prejudice!
思い込みから抜け出そう！

思い込みその3　売り上げ目標

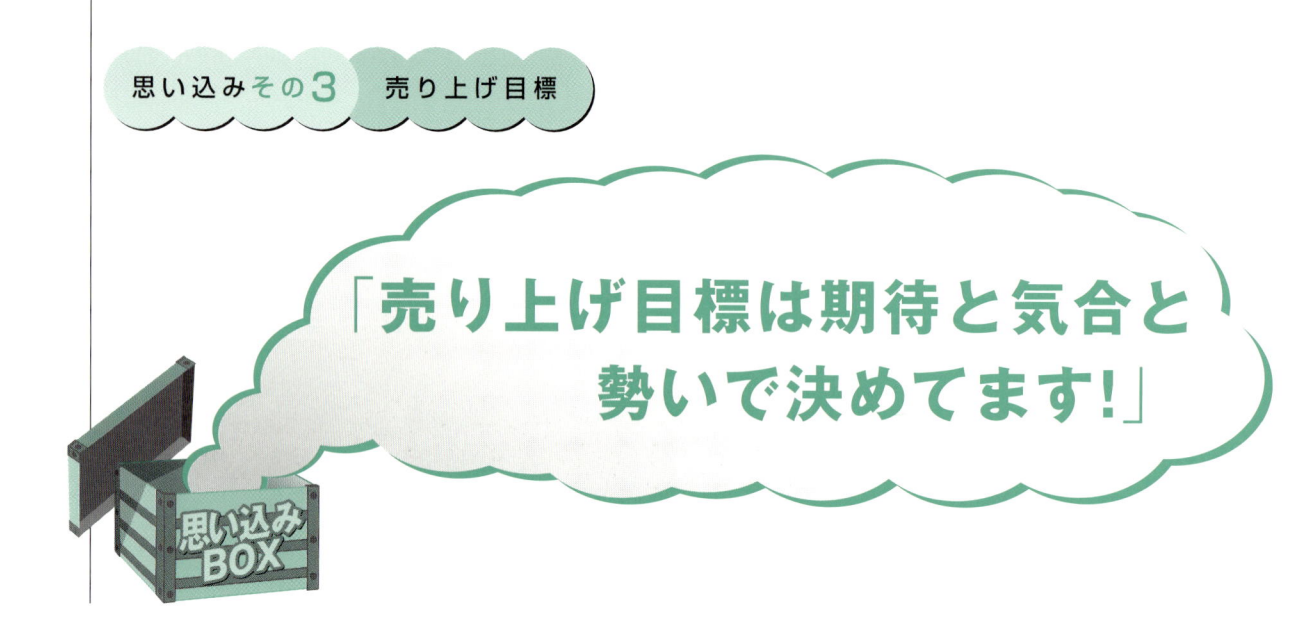

「売り上げ目標は期待と気合と勢いで決めてます！」

奇跡はあるのか？

「あと10日。このままじゃ、今月は未達成かも。まいったな…」と星降る夜の帰り道、大きなため息をつきながら、奇跡が起きることを期待する人あり。

「今日は来月の売り上げ目標提出日。低めの数字がいい。でも、前年対比や周りに合わせるとどうしても高くなるんだよね…」と爽やかな朝にドンヨリ曇る心に息苦しくなる人あり。

「毎月、毎月、頑張りますって言うけど、一体どう頑張るんだよ、って聞きたいけど具体的な策はなし。ミーティングしても無駄だよ…」とイライラと戦いながら、お客様の前で笑顔、笑顔と言い聞かせる人あり。

「あなた」と「石山」さん

あなた：売り上げ目標を達成したときに飲むビールは最高にうまいですよね、石山さん！
石　山：頑張ったご褒美ですからね。
あなた：でも、未達成のときのビールは悲しくなるほど苦い。後悔ばかりです。
石　山：どんな後悔ですか？
あなた：気持ちが先走って波に乗れなかったとか、思ったより入客が鈍かったとか、いろいろです。
石　山：当てが外れてしまったということですか？
あなた：えっ、どういう意味ですか？
石　山：つまり、ギャンブルみたいな売り上げ目標だったのかも、ということです。
あなた：自分は賭け事嫌いです(怒)
石　山：では、どのように目標を立てていましたか？
あなた：まず、達成したい数字がある。それに向かって自分の想いや気持ちをぶつけるんです。

「石山」さんが解説する

月の初めに決める売り上げ目標。気合いやメンツといった感情レベルでつくると「ギャンブル目標」になりがち。実現させる方法がわかりにくい数字です。

数字が具体的なら、実現可能となります。顧客カルテを活用して、今月来店するだろうお客様の人数を正確に把握。そして、オーダーされるだろうメニューから金額を算出し、単価アップメニューの提案を考えながらデータレベルで数字を出していくのです。

これらを心理学では、ゴール・ダイレクテッド・ビヘイビア（Goal Directed Behavior：目標指向行動）と言います。

目標が具体的であればあるほど積極的な行動につながり、結果が出やすくなる。

思い込み その3 売り上げ目標

しかし、目標が抽象的だったり、単なる理想に過ぎなかった場合には、ほとんど効果が出なくなってしまうのです。

～売り上げ目標の心得3か条～

一、
魅力とは余裕から生まれてくるものなり。達成できるか、できないか見当もつかず、不安を抱えたままお客様に接するよりも、カルテとノートとペンと電卓を持ってすぐに計算を始めるべし。

一、
まず「ベース売り上げ目標」を計算。来店周期と、予想オーダーメニューから今月の金額を算出。あとは、今月中に必ず来店してもらえるように手を打つべし。

一、
次に「チャレンジ売り上げ目標」の計算。来店予定客に適した新たなメニューや、店販を計画する。説明のしかたや資料など準備万端にしておくべし。

●

あなた："ベース売り上げ目標"と"チャレンジ目標"か。お客様一人ひとり書き出すんですね。こりゃ面倒臭いな。

石　山：時間と作業は確実に増えます。

あなた：でも、3か月我慢してやり抜けばすべてが見渡せるようになるかも。

石　山：手間隙かけたプロの料理は美味しい、と言われるのと同じです。

あなた：お客様の名前も完璧に覚えられるし、来店周期を定期的にキープするために打つ手とか、すごく考えやすくなりますね。

石　山：そうなんですよ！　その視点が大事なんです。

Get free of your prejudice!
思い込みから抜け出そう！

思い込みその4　頑張ること

> 「どうせ、自分なんか
> 　頑張ってもダメだと思う…」

思い込みBOX

マッチいかがですか？

　昔々、雪がちらつく寒い夜。マッチ売りの少女が2人、町に立っていました。

　名前はメリーとゴーランド。メリーは、「マッチいかがですか」と通りがかる人に声をかけますがまったく売れません。メリーは自分に降りかかる不幸を嘆きあきらめ、その場に倒れてしまい、2度と起き上がることはありませんでした。

　一方、ゴーランドはメチャメチャ儲かっていました。「美味しくて素敵なお店を無料でご紹介しています！」と道行く人に声をかけ、店にお客さんを紹介する代わりに、レストランや居酒屋のオーナーにマッチを大量に購入してもらったのです。

「あなた」と「石山」さん

石　山：子供の頃に読んだお話とは大分、違いますね。
あなた：それにしてもメリーちゃんは、本当に可哀想(泣)
石　山：ところで彼女から何を学ぶことができましたか？
あなた：えっ？　あきらめちゃダメとか、アイデアや発想力が大事とか？
石　山：そうですね。もし、メリーはゴーランドのやり方を知っていたのに、試さなかったとしたらどう思いますか？
あなた：モチベーションが下がっていて、やる気が出なかったのかな？
石　山：その原因は何でしょう？
あなた：やはり、1個も売れないとか、断られ続けたとか、疲れたとか？

「石山」さんが解説する

　努力の塊のような人でも、結果を出せないときがあります。つまりスランプ。

　その原因は大きく2つあります。
① 身体が疲れすぎたとき
② 心が疲れすぎたとき

　失敗が続く、思うようにいかない、批判される、断られる、無視される…。このようなストレスがある期間続くと、心も身体もヘトヘトになります。

　それが原因となり、いつの間にか無気力になって、行動を起こせなくなります。私には才能がない。きっと、ダメに決まっている。このように前に向かって踏み出せなくなってしまう状態を、心理学では、「学習性無力感」と言います。

　ここから脱出するためには、「やってみたらできた」、「完璧な人などいない」、「人はうまくいかないときもある」ということを経験して再学習することです。

> 思い込み その4 **頑張ること**

Try try again!

chapter 3 **思い込み**

石　山：深く悩んでいるときって、あまり動いていないのに疲れませんか？

あなた：そうですね。身体を動かすほうが、何も考えずにすむからラクですね。

石　山：ゴーランドは「食事ができる店を知らない？」と聞かれ、教えてあげたら、お客さんだけでなくお店の人からも感謝されたのでしょう。誰かを喜ばせることができる、という発見が彼女のパワーになったんじゃないですかね。

あなた：そうか！　今、できることにチャレンジすること。そこに未来がつながっているんですね。

〜「どうせ、自分なんか頑張っても」の心得3か条〜

一、
メジャーリーグのイチローや松井選手にもスランプはある。そんなときでもひたすら練習を繰り返し、必ずヒットが打てることを信じて打席に立つ。ヘトヘト感へのサプリメントは自分を信じ続けることと知るべし。

一、
セールス成功の方程式は、（よい商品、サービス）×（わかりやすいメッセージ）×（トライ回数）

気軽にチャレンジを繰り返す者だけが、人生を楽しむという事実もある。「どうせ…」という言葉を禁止し、「きっと次こそ」を標準語に採用すべし。

一、
1人では踏み出せないとき。タンデムスカイダイビングは、インストラクターと一緒なら飛び降りることが出来る。「努力不足だ、頑張れ！」ではなく「一緒にやってみよう」。その発想で行動すべし。

chapter 3　69

Get free of your prejudice!
思い込みから抜け出そう！

思い込みその5　料金

「料金が高くなると、お客様には申し訳ないと思います…」

高いか？　安いか？

　お金に不自由のない暮らしをしていた伯父は、椅子から転げ落ちそうになった。

　それは、私が小学5年生のときの話だ。
「今日は、美味しい物を食べに行こう。何でもいいぞ、何が食べたい？」

　子供のいない伯父は、私をとても可愛がってくれた。伯父の申し出に対して、私はかねてからの願望を口にしてみる。「オレンジ色の看板の牛丼が食べたい！　できれば大盛りで」

　当時、1か月のおこづかいが800円の私にとっては、450円の牛丼大盛りは大変高価な憧れの食べ物だったのだ。

　しかし、世の中は不思議だらけ。今となっては、その牛丼も安いと感じる。息子に卵を追加すると、「パパ、すごいな〜」と感動される。一体、私の中で何が変わってしまったというのだろう？

「あなた」と「石山」さん

あなた：あの〜、これは一体、何の話でしょうか？
石　山：アハハハ、もちろん牛丼の話ですよ。
あなた：でも、かなり共感します。自分も子どものとき同じ気持ちでしたから。
石　山：今とは、何が違いますか？
あなた：やっぱり財布の中身ですよね。
石　山：では、高いか、安いか、その基準は財布の中身によりますか？
あなた：まぁ、大体は…。
石　山：ところで、お客様の財布の中身を透視する能力はお持ちですか？
あなた：あるわけないでしょ！
石　山：じゃあ、お客様にとって料金が高いかどうかは誰が決めるのですか？
あなた：当然、お客様です！（怒）

「石山」さんが解説する

　「価格」とは、相手が感じた「価値」と交換するときの目安です。だから、メニューや商品が高いと思うか、それとも安いと思うかは、お客様がどのような「価値」を感じているかによって変わります。そして、この「価値」をどのような「基準」で測っているかは、人それぞれ違うのです。この「価値基準」を、私は「自分のモノサシ」と呼んでいます。この「モノサシ」は誰もが心の中に持っています。

　例えば、あなたの平均客単価が6,000円だとします（これが自分のモノサシになりがちです）。ある

思い込み その5 料金

お客様に20,000円の提案をするとき、どのような気持ちになるでしょうか？

もしも「高すぎてお客様に申し訳ない」と思ったら、実はそれは「お客様のモノサシ」を無視していることになるのです。

~「料金が高くなるとお客様に悪い」の心得3か条~

一、
「自分のモノサシ」は、お互いが直接、目で確認することはできない。人間は、見えないものに不安を感じる。しかし、負けてはならない。お客様に対して「自分のモノサシ」は使わないと誓うべし。

一、
あなたの提案に、お客様が「価値」を感じていただけたなら、「お客様のモノサシ」は長くなる。このとき勝手に、「あなたのモノサシ」でお客様を測りだすことは、大変失礼なことだと自覚するべし。

一、
あなたが長くつきあっていきたいと思う、意識の高いお客様は、美容と健康にはお金をかけたいと思っている。高いものはやっぱりいい、という期待に沿えるように、日ごろから自分を磨くべし。

●

石　山：技術料金が高額になってくると、店販の提案を控える、ということはありませんか？

あなた：いや～、実はたまにありますね。

石　山：お客様の財布の中を心配する親切心ですか？

あなた：う～ん。そう思っていましたけど、やっぱり自分のモノサシでしたね。

石　山：お客様にとってベストな提案をしたら、後はお客様に選んでいただく。価格は気にしない。そのほうがお互いがハッピーになれるんです！

Get free of your prejudice!
思い込みから抜け出そう！

思い込みその6　話題

> 「私は口ベタですから、お客様との会話に悩みます。胃が痛い…」

苦手です。でも…

「うるさい！」と言わんばかりの目が私を金縛りにした。ただ「今日はいい天気ですね！」と言っただけなのに。

店長は、お客様に会話も楽しんでいただけるように話せ！話せ！と言うけれど、何を話せばいいのよ。確かに同期のA子は話上手で、私よりも売り上げが高い。

技術ならA子に負けない自信があるのに。本当に悔しくて涙が出てきた。

「あ～ぁ、私、口ベタだし、接客には向いてないのかな～」

でも、このまま、お客様とずっと無言もマズいわ。もっと指名を増やしたいし！

「あなた」と「石山」さん

あなた：わかる（涙）。"話しかけないでオーラ"のお客様、苦手です。

石　山：普段は、どのような話を？

あなた：まぁ、天気とか、ワイドショーネタとか、お客様の仕事とか、家族構成とか、休みの日は何するとか、食べ物とか、買い物とか、もう、さまざまですよ。

石　山：で、どうなります？

あなた：話が盛り上がることも、最後まで会話にならないときもあります。

石　山：共通の話題が見つかるまでは、ということですか？

あなた：そうです。私より口ベタな人はさらに苦労していると思います。

石　山：世の中に口ベタな人はいないんですよ。

あなた：えっ！それは違うでしょ。

石　山：最高に興味のある話題なら誰もが舌はなめらかです。

あなた：最高に興味ある話題？

「石山」さんが解説する

例えば、お店のスタッフ全員で旅行に行ったとします。観光名所で、みんな揃って記念撮影。後日、その写真を見たとき、あなたがまず最初に探すのは誰の顔でしょうか？

正解は、もちろん「自分の顔」。この瞬間は、自分のことがどうしても気になってしまうものです。どんなに立派な他人思いの人物でさえも、集合写真の中から1番に見たいのは「自分」。これが本能。とても自然なことです。

なぜなら、人間は自分のことが1番大好きだし、最も興味があるからです。

そして、ここからが大事なところですが、写真の自分を気に入る。または誰かに褒められたとしたら、

思い込み その6 話題

> わあっ！きれいな髪!!

good!

最高に嬉しい。このような感情を「自己重要感」と言います。自分は価値ある存在だと自他共に再認識するとき、目に輝きが戻ってくるのです！

~「お客様との会話に悩まない」ための心得3か条~

一、
お客様が1番興味あることは、「お客様自身」である。しかし、だからといって「お客様」にとにかく質問を続けることはNG。個人的なことやプライバシーに土足で入るような"警察系"質問はやめるべし。

一、
お客様がサロンに来る最大の目的は、希望するヘアスタイルを実現して、今よりもルックスをよくし、自信を回復すること。そして、あなたの得意分野も"美容"。話題の大半を本業にシフトするべし。

一、
"話しかけないでオーラ"のお客様は単なる「雑談」が大嫌い。過去、会話に合わせ、ヘトヘトになった経験がある。
あなたは、「ほめる」「悩み、希望に耳を傾ける」「解決アドバイス」を通して、お客様に夢と可能性を存分に楽しんでいただくべし。

あなた：具体的に、どうすれば？
石　山：例えば、ほめ＋質問。「髪が本当にキレイですね。悩みなんかないんじゃないですか？」とほめる。お客様が否定したら、次に「例えば？」と質問する。
あなた：なるほど。これなら雑誌から顔上げてくれそうですね。
石　山：お客様の長所を見つけて、引き出してあげることは感謝されるし、楽しいですよ！

chapter 3 思い込み

chapter 3　73

Get free of your prejudice!
思い込みから抜け出そう！

思い込みその7　売り上げ

> 「売り上げと思いながら、お客様と接している自分が嫌になるときがあります」

思い込みBOX

売り上げ！売り上げ！

今月の売り上げは、先月に比べてダウン。
「売りが上がったから売り上げ」というのなら、私の場合は「売りが下がったから売り下げ」というべきなのかしら。なんで毎月、上に上になのでしょう。

確か、ニュートンは「万物は下に向かって落ちる」と言ってました。売り上げって絶対、引力に逆らってます。

「はぁ〜、ぼやいてもはじまらないかぁ」

新メニューのトリートメントをお客様にプッシュするしかない。でも、お客様に悪い気がするのはなぜなんだろう？

「あなた」と「石山」さん

石　山：“うりさげ”ですか。
あなた：笑えるような、笑えないような。
石　山：売り上げ、欲しいですか？
あなた：もちろんですよ。
石　山：では、いい方法があります。お客様からバッグをお預かりしたら、財布の中から1万円ずつ頂戴する。5人で5万円の売り上げです。
あなた：それは泥棒です！
石　山：もちろん犯罪。これは絶対にダメ。美容師の誇りがズタズタです。
あなた：じゃあ、どうすれば？
石　山：売り上げという言葉を使うの、やめちゃえばよいんですよ！
あなた：はぁ？

「石山」さんが解説する

もし、アプローチに罪悪感を持つなら、お客様のお会計額が増えていくことは迷惑行為なのではないかと思っているかもしれません。

しかし、これって大事なことを忘れています。それは、"売り上げの本質"です。

"売り上げ"とは、お客様が「喜びを感じて」お金を払わない限り、絶対に発生しないという性質を持っています。

もし、お会計のとき「喜びなし」だとしたら、次回はより低価格な店や、喜びを感じられそうなお店に浮気なんてことになる。

こんなシナリオを避けるために有効なのが「リフレーミング」（第1章・その3「前向き言葉」にチェンジする／参照）。物事の捉え方を変えてみるんです。

例えば、"売り上げ"という言葉を"お喜び"という言葉に変えたら、あなたの気持ちと行動は、どのように変わるでしょうか？

思い込み その7 売り上げ

〜「売り上げ＝お喜び」の心得3か条〜

一、「売り上げ」にまつわる言葉をすべて「お喜び」に置き換えるべし。技術お喜び、店販お喜び、お喜び（単価）アップ、シャンプー（指名）お喜び達成者、トリートメントお喜び（追加メニュー）などなど。

一、「売り上げ高」という勘定科目は、お客様の「お喜び」合計を数字で表した尊いもの。喜んでいただける技術とは？ 喜んでいただける提案とは？ 説明とは？ 接客とは？ ハガキとは？ ホームケアとは？ を常に実行すべし。

一、これを機会に、日頃の言葉をリフレーミングしてみるべし。練習＝自信チャージ。キャンペーン＝お喜び甲子園。アプローチ＝お喜びのプレゼント。クレーム＝成長のサプリ。プラスの言葉使いを当たり前にすべし。

●

あなた：毎日、お喜び、お喜びと思いながら、お客様と接していると、楽しくなりそうですね。

石 山：お客様のことが、今まで以上に、よく見えるし、よく聞けるし、よく感じられるようになりますよ。

あなた："お喜び"って、すごく深いですよね。

石 山：安くてお得なことに、"お喜び"を感じるときもあります。でもね、これだけは覚えておいてください。人間って、基本的に美容と健康にはお金かけたいもの。さらに、安かろう悪かろう、とも思っている。だから上手に"お喜び"へと導いてくれる美容師さんは、いつでもどこでも大人気です。

chapter 3 思い込み

Get free of your prejudice!
思い込みから抜け出そう！

思い込みその8　再来店（リピート）

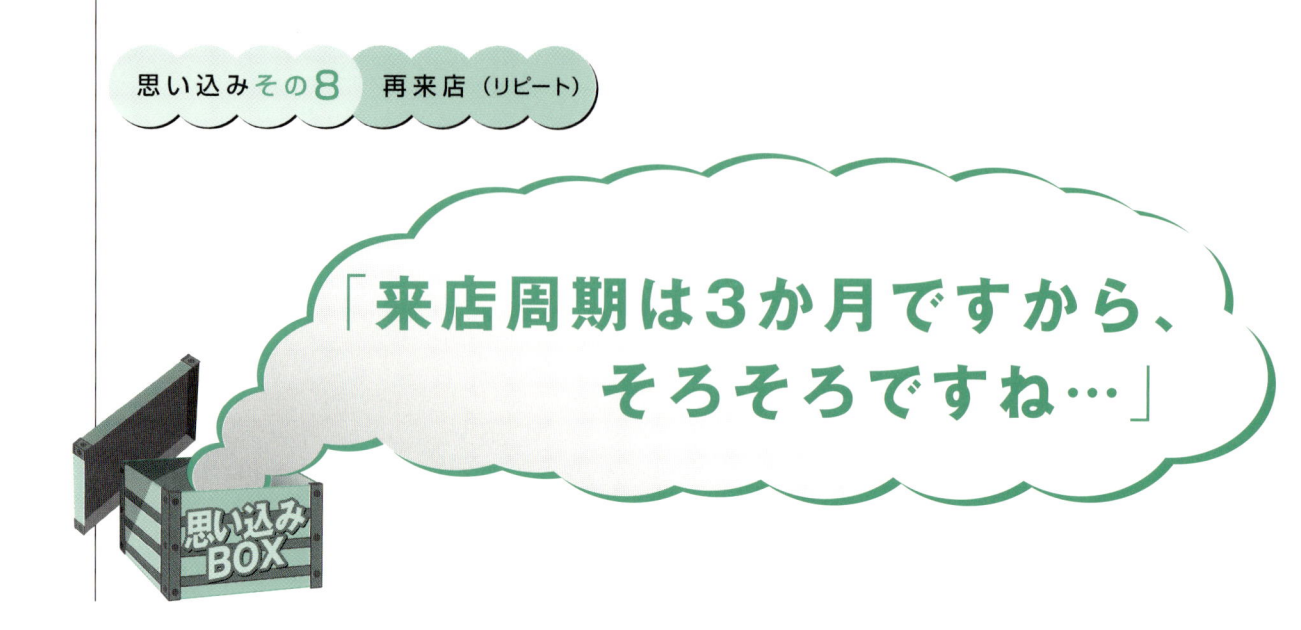

「来店周期は3か月ですから、そろそろですね…」

ある愛の物語

　昔、こんな話を聞いたことがある。
　あるところに、大変仲のよいカップルがいました。2人はお互い尊敬し合い、そして純粋に愛し合っていたのです。
　しかし、国は戦争中。今日、彼は戦地に。
　最後の別れは駅のホームでした。「もし、生きて帰れたら結婚しよう」と彼が言えば、「もちろんよ。必ず待っているわ」と彼女が答える。
　きつく抱き合う2人。汽車が出る。彼女が必死に涙をこらえている姿が目に焼きついて離れない。
　そして1年後、戦争は終わる。彼女の笑顔を1秒でも早く見たくて、彼は故郷へ戻る。しかし、時の流れに現実はシビア。彼女は他の男性と結婚していたのでした。

「あなた」と「石山」さん

あなた：なんでやねん！
石　山：男として切なすぎる！（怒）
あなた：あれ？　石山さん、恋の古傷でも？
石　山：放っといてください（さらに怒）
あなた：でも、どうして彼女は結婚してしまったんですか？
石　山：そこが人間の愛しき面白さです。
あなた：と言うと？
石　山：大好きなのに、時間が経つと、他が気になってしまうことはないですか？
あなた：あ〜、好きな服とか、お店とか、彼女とか、趣味とかも、確かにそうかも…。
石　山：そう。絶対的な保証はないのです。

「石山」さんが解説する

　10年来の常連様が、最近、お店に顔を見せない。ご病気かしら？　と心配していた矢先、街でバッタリ。しっかり髪もカットされていて、カラーもキレイ。少し気まずそうな元常連様は「お久しぶり〜」と言い終わる前に、もう姿はない。「何か不愉快な思いでも？」「今は、どのお店に？」心にポッカリ穴が空く。でも、考えてみれば、これだけ美容室があり、こんなに情報が溢れている現代。しかも2〜3か月はあまりにも長い。たくさんの誘惑を振り切り、再来店してくださったお客様は、もうそれだけで信じられないほどの奇跡。「また来てくれた！」。この喜びに近づく方法の1つは、ハガキや手紙、ニュースレター、メール、電話など、こまめにお客様と接触して、お店の存在をい

思い込み その8 再来店(リピート)

つも気にしていただくようにする。
これを「単純接触効果」と言います。

~「再来は奇跡」の心得3か条~
一、
お客様がサロンから1歩出れば、他のサロンの誘惑がもう始まっている。あなたのお客様は狙われている。どんなにいい仕事をしても、それだけでは再来店の保険にはならない時代。打てる手はすべて打つべし。
一、
単純接触効果のコツは、接触時間よりも接触回数にある。例えば、『たっぷりを1回』ではなく、『ちょっとを7回』にする。だから、ハガキも渾身の1枚ではなく、スラスラと1枚を書くべし。
一、
お店のお知らせは、広告とみなされ素通りされる。ところがお客様をほめている文章は、読み返される。単純に接触を繰り返すのではなく、お客様が喜ぶ接触アイデアを実行すべし。

●

石　山：彼はどうして手紙を書かなかったのだろう？ ブツブツ…。
あなた：まだこだわってる！ 死ぬか生きるかの戦地ですから、手紙を書く時間がなかったんですよ。
石　山：時間と恋人。どっちが大事ですか？
あなた：目先だけ考えたら時間ですけど、長い目でみたら、やっぱり恋人ですよね。
石　山：恋人のキープ、大変です（泣）
あなた：でも、お客様のキープも大変だ。
石　山：そう、面倒だから。でもね、やりたがらない人が多いならチャンスですよ！(ニヤリ)

chapter 3 思い込み

chapter 3　77

Get free of your prejudice!
思い込みから抜け出そう！

思い込みその9　説明

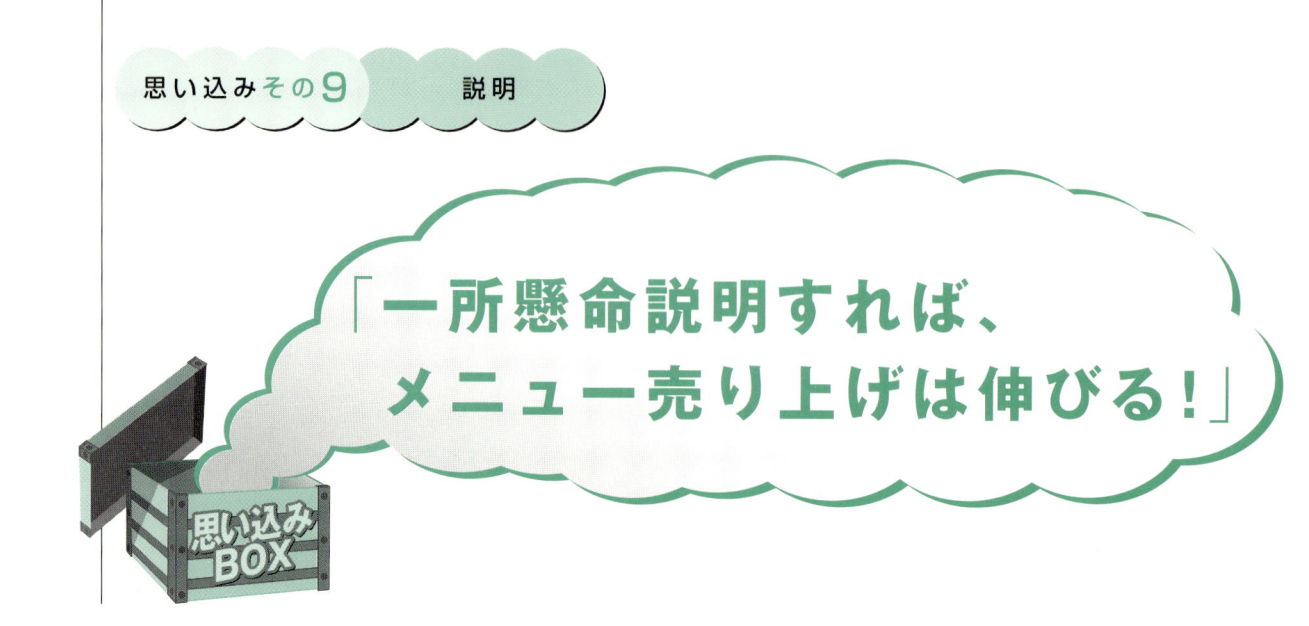

「一所懸命説明すれば、メニュー売り上げは伸びる！」

説明説明！あれ？

「○○成分が髪をキレイにしてくれるんです！ しかも、このトリートメント、今日なら半額ですからオススメです」

ふう〜(汗)やった！ 説明完璧。パンフレットに書いてあることを昨日、勉強しておいてよかった。でも、あれ？ どうして、お客様無表情。

「今日はいいわ(冷〜)」

な、なに？ さっき、新しいトリートメントメニューに興味あるって言ってったのに。こんなに時間かけて、詳しく丁寧に話したのに。どうして断る？ なぜ気が変わる？ しかも定価でなく半額。50％OFF、お得ってことがわからない？ まったく最近のお客様ときたら…。

「あなた」と「石山」さん

あなた:結果はどうあれ、お客様のせいにしていけませんよね。

石　山:そうですね。何事も人のせいにしてしまうと成長が止まりますからね。

あなた:おっ、今日はいいこと言うじゃないですか！

石　山:え？ いつも言ってるつもりですが…。

あなた:(無視)しっかりお客様には説明したつもりでも、まだ足りないんですかね？

石　山:足りないんじゃなくて…。

あなた:(無視)やっぱり、一所懸命さですよね！

石　山:ところで、小さい帽子をかぶる職業って何だと思いますか？

あなた:何だろ？ ピエロかな？

石　山:ブゥー！ 残念でした。

「石山」さんが解説する

"なぞなぞ"。子供は大好きです。でも、実は大人も大好き。

言葉が変わりますが、「謎解き」「暗号」「パズル」「推理」「ドラマの展開」などは"なぞなぞ"と同じ。つまり人間は"謎"とか"？"が大好きなんです。

テレビは、このことを心得ていて、「この後、○○の驚愕の真実が明かされる！」と叫び、CMに入る。もちろんチャンネルを変えられないようにするため。

他にも、普段の会話で「これにはコツがあるんだ。でも、君にはまだ早いから、また今度ね」と教えてくれなかったら、ず〜っと気になってしまいますよね。

これを心理学では、「ツァイガルニック効果」と言います。「知りたい」という本能を刺激することで「答」が出るまで興味をグイグイと引っ張ることができるのです。

思い込み その9 **説明**

> オススメが——。
> 何？何？

~「説明」の心得3か条~
一、
頭の中に"謎"があるとモヤモヤ気持ち悪い。と同時に"知りたい"という好奇心が行動を引き起こす。しかし簡単に"答"が手に入ると、人間は急速に、興味を失っていくことを知るべし。
一、
見たいと思っていた映画の結末を、教えたがる人は嫌われる。推理小説の真犯人を読む前に教えてしまう書店には行きたくない。説明しすぎは、簡単に"答"をお客様に与える不親切行為なのだと気づくべし。
一、
話が長くなれば飽きてくる。いかに説明の中に引き込むことができるか？ コツは、お客様に頭を使わせることである。「ご存知でしたか？」と"美容なぞなぞ"を出す。説明をあえて不十分にしてみる。工夫次第で技は冴えまくるべし。

あなた：自分的に"説明不足"かなと思うくらいが効果的ということですか？
石　山：例えば、「あっ、そうだ。○○さんにオススメしないといけないのがありましたよ」と言って、続きを話さず、黙る。あるいは違う話題に変わったら、どうなります？
あなた：早く話してくれとツッコミいれたくなります
石　山：お客様はもう引き込まれてますよね。
あなた：本当だ。悔しいけど。
石　山：脳には「知りたい」本能があるので、足りない情報を補おうとします。だから興味が湧くんです。

chapter 3 思い込み

Get free of your prejudice!
思い込みから抜け出そう！

思い込みその10　人間関係

「きっと、私は先輩に嫌われていると思います」

自利？ 他利？

深夜、静かな街に爆音が響く。また暴走族か…。今夜も眠れない。あいつら楽しいかもしれんが、本当に迷惑だ。

ところ変わってオープンカフェ。「クッソー、正面のカップル。公衆の面前でチュッチュしやがって！ お前らは幸せ絶頂かもしれないが、こっちは気になって原稿が進まないぞ！ 大迷惑だぁ！」

そして最後は、小学校の給食時間。「さぁ石山君、早く食べ終わらないと5時間目が始まりますよ。お当番さんもお片づけできないでしょ」
「だって、ママが1口200回噛まないとダメって言ったもん！」

「あなた」と「石山」さん

あなた：原稿進まないって…石山さんの単なるジェラシーでしょ。

石　山：(咳払い)。例えが悪かったですね。

あなた：自分たちは楽しいけど、周りの人は迷惑って、ありがちですよね。

石　山：最後の小学生も、よく噛むこと自体は非常によいことです。でも、周りの状況は無視。マイペースすぎます。

あなた：でも、マイペースな人って悪気はないですよね。

石　山：もちろん。でもね、結果的には他人の気持ちより自分の気持ちの方が優先、ということには変わりありません。

あなた：結果的に暴走族と同じ？

石　山：心理的には同じということです。

「石山」さんが解説する

「あなたが楽しいとき、迷惑を感じている人が必ずいる」という言葉をこれから、ちょっと意識してみてください。

例えば、みんなで居酒屋に行きます。最近、何となくギクシャク気味なスタッフ同士の人間関係を和ませようと企画した宴会です。

しかし、となりで大学生が楽しくドンチャン騒ぎ。シラケる我が席。本当に迷惑です。

ところが、ふと学生が「うるさくて申し訳ありません。実は、今日うちのサークルの優勝祝賀会なんです。少ないですが、どうぞ」とビール5本差し入れてきた。

ひと言気遣いを示してくれるだけで、こちらの気持ちは、スッ〜と軽くなります。

「お詫び＆ひと言気遣い」は、お互いの楽しさを実現する魔法の演出なのです。

思い込み その10 **人間関係**

スミマセン！
アリガトウゴザイマス！

~「嫌われている」の心得3か条~

一、
自分はきっと嫌われている、と思いこめば、相手はあなたの期待どおりに、あなたを嫌います。まずは自分の中の思いこみと期待を点検し、プラスのイメージにすべて交換するべし。

一、
感謝は大事。感謝とは感じて謝るという意味。つまり、有難い！と感じる心、"お詫び＆ひと言気遣い"のことなのだ。もし、誰かに「感謝が足りない」と言われたら！のピンボケをとり、"を実践すべし。

一、
「あなたがマイペースなとき、迷惑を感じている人が必ずいる」という言葉も意識しよう。人間は自分と違う存在を意味なく拒絶し、「あっち行け」したがる。ペースの違いもその1つ。ペーシングをマスターすべし。
（20ページを参照）

●

あなた：自分の気持ちより、相手の気持ちを優先するか～。修行ですね。

石　山：結局、"私が私が"というI LOVE ME ONLYでは、相手の心は開かない。気づいたらI LOVE ME LONELYになる。

あなた：あれ？ これって、お店の人間関係だけじゃなく、接客も同じでは？

石　山：デール・カーネギーはこう言っています。『人に関心を持て。そうすれば、人の関心を引こうと日夜努力するよりも早く人から好かれる』相手の立場で物事を見られるようになったら自然に、お詫び＆ひと言気遣いができますよ。

あなた：石山～、ごめんなさい。教えてもらったこと、すぐに忘れてしまう俺に、いつも最後まで付き合ってくれて！

石　山：さっそく、実践ですか…。

chapter 3 思い込み

81

Get free of your prejudice!
思い込みから抜け出そう！

思い込みその11　待ちの営業

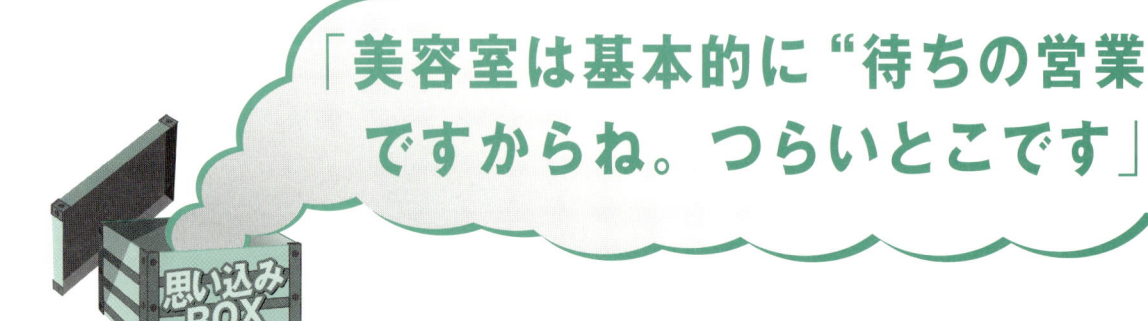

> 「美容室は基本的に"待ちの営業"ですからね。つらいとこです」

親父と息子

「お客さん、来ないな〜」
　ズズズとお茶をすすりながら、スポーツ新聞を読む。
　今年になって、さらにお客が少なくなった。
「このままでお店をやっていけるのだろうか？」
　と店主がつぶやく。
「でもね〜、うちらの商売は"待ち"だからさ〜」
　一方、店主の息子は攻めまくっていた。
　彼は狙った女の子は必ず落とす。しかし、決してイケメンではない。どちらかといえばジャガイモ。
　だから、以前から全然モテない。見向きもされない。完全に絶望的状況だった。そこで彼は、ある能力を磨きに磨いたのだ。それは…「マメ」だった。

「あなた」と「石山」さん

あなた：ジャガイモ！まるで石山さんですよ！アハッハハ！
石　山：（ムカッ）笑いすぎです。
あなた：でも、サロンも基本的には"待ちの営業"ですよ。
石　山：確かに、美容師さんから訪問営業されたことはないし、電話セールスされたことも、キャッチセールスされたこともありません。
あなた：当たり前ですよ。せっかくお店があるんですから、お店に来てもらわないと、何にもはじまんないですよ。
石　山：ところで、あなたはマメな人ですか？
あなた：今はちょっと…。
石　山：以前はマメだった？
あなた：はい。彼女とつきあい始めた頃はかなり…。

「石山」さんが解説する

　あなたの知り合いで筆マメな人っていらっしゃいますか？あるいはマメに電話してくる人とか、最近ではメールマメな人とか。思っているだけや、考えているだけでない。とにかく行動。実際は、そばにいないけど、会うと久しぶりという気がしない。マメな人にはこのような印象があります。
　ところで「マメ」を漢字で書けますか？「豆」ではありません。実は「忠実」と書きます。「基本に忠実」という言葉には信頼がおける響きがありませんか？「忠実には人の心を動かすパワーがあるのだ」と渋谷の忠犬ハチ公も深くうなずいています。
あなた：マメならアズキとか枝豆とか…。
石　山：ビーンズからも見習いたい

思い込み その11　待ちの営業

「マメ・マメ・マメ・こと、いっぱいあるんですよ！」

〜〈待ちの営業〉の
　　　　心得3か条の巻〜

一、
"待ち"は精神衛生上よくない。なぜなら身体が動かなくなるから頭が活性化する。すると、あれこれ考えてしまう。心配事、不安、後悔、嫉妬、思い違い、誤解などなど。ヒマなお店ほど人間関係のトラブルが多くなる原因はコレだ。

一、
それなら"攻め"だと思うと道からズレてしまう。攻められたいと願っているお客様は誰もいない。"待ち"でもなく"攻め"でもない。その中間。それが"マメ＝忠実"だと知るべし。

一、
さぁ！　マメだ。手にマメ。口にマメ。足にマメ。手紙やハガキを書こう。メールは出そう。お客様のためになることを話そう。近所のお店で食事をしたら店主に名刺を渡そう。ポスティングをしよう。マメのコツは積み重ねだ。マメ能力を身につけるべし。

●

あなた：納得。この前、彼女と3日間連絡がつかなくて、ひょっとして嫌われたんじゃないだろうかとか、他の男と会っているんじゃないかとか、すんごい不安になりました。本当は海外出張に行ってたのを自分が忘れてただけだったんですが…。

石　山：人間は情報不足だと不安になるんです。

あなた：もう一度、マメになります！

石　山：相手も情報不足は嫌なんです。その気持ちをわかってあげれば何を伝えるのかが見えてきます。

あなた：お客様が減って悩む前に、マメな行動ですね。

石　山：広告にお金を使う前に、まずはマメのチェック。ビーンズ・プロジェクト開始です！

chapter 3　思い込み

chapter 3　83

Get free of your prefudice!
思い込みから抜け出そう！

思い込みその12　お客様の思い込み

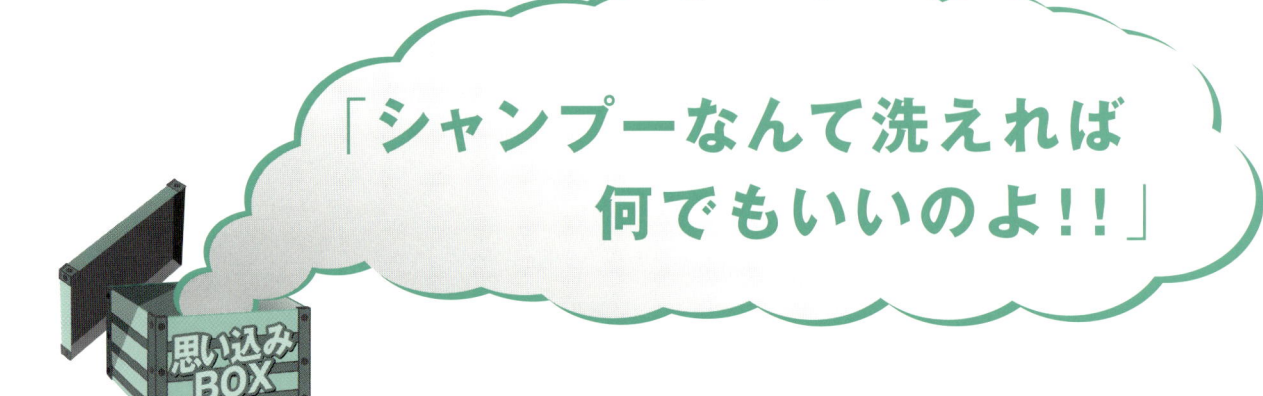

「シャンプーなんて洗えれば何でもいいのよ！！」

放っとけないよ〜♪

　さぁ、なんてったって"思い込み"を考える最終回。今回は私たちの"思い込み"ではなく、お客様が"思い込み"を抜け出してもらうための取り組みについて考えます。
例えば、こんなことありませんか？
・お客様がサロンのシャンプーを絶対に購入しない。
・髪が傷んでいるのにヘアケアメニューにまったく興味をしめさない。
・カットには来てくれるけど、カラーは自分で染めている。
・前回、購入された店販商品。もうなくなっている時期なのに、まだ残っているとおっしゃる。
・「前回と同じでお願い」と、新しいヘアスタイルにまったくチャレンジされない。

　いかがでしょうか？　一つひとつは小さなことですが、塵も積もれば山となる。悩みが巨大化しないうちに何か対策を立てねばっ!!

「石山」さんが解説する

"思い込み"とは"その人の今の考え方"ということです。そして"今の考え方"が"今の行動"をつくり出しています。今回の場合は『選ぶ』という行動です。

　先ほどの例で言いますと、「シャンプーなんて洗えればいいんだから、何を使っても大差なし。安いに限る」という"考え方"ならサロン商品は高すぎるから買わないことを選ぶ。

　他にも「自分なんて何やったって変わらないから、もう何もしないほうがいい」という"考え方"だとしたら、ヘアスタイルは変えないし、どんなによいメニューもオーダーしないことを選ぶ。

　ならば、どうすればお客様の"考え方"を変えることができるのか？その答えが『違い』というキーワード。人間は『違い』がわかれば"考え方"がかわり、何を『選ぶ』べきか最良の判断ができるようになるわけです。

「あなた」と「石山」さん

あなた：僕と石山さんの違いは何でしょう？
石　山：ヴィジュアルだと負けますけど、ハートなら私です！

〜「お客様の思い込み」の
　　心得3か条の巻〜

一、
八百屋で。一本30円と150円のねぎがある。値札だけなら安いほうを選ぶ。しかしPOPがあり、30円ねぎは"中国産"と書いてある。生産者の顔が見えない。150円には「○○さんが有機農法で真心こめ

思い込み その12　お客様の思い込み

「違いがわかる！」

て育てました。甘みがあってお鍋に最高です！」と書いてある。家族との楽しい団欒が思い浮かぶ。迷わずカゴに入れる。これが『違い』を伝えるパワー。

一、
人間は『違い』がわからなければ価格で選ぶ。『違い』がわかればよいほうを選ぶ。市販品とサロンのシャンプーの『違い』とか、若々しく見られやすいヘアスタイルと年相応に見られてしまうヘアスタイルの『違い』などを「ご存知でしたか？ 実は～」と情報提供するテンション（説得ではない）でリラックスして教えてあげるべし。

一、
間違っても、お客様の"今の考え方"を否定してはならない。相手は意固地になって反感を持つ可能性がある。これを「ロミオとジュリエットの法則」と呼ぶ。

●

あなた：こちらが強い信念をもって"それは違う"と訴えてはダメですか？

石　山：お客様への愛情から出ている言葉なら相手に響きます。でも、どっちが正しい、どっちが間違っている、と白黒つけたいだけならダメです。

あなた：自信がなければ『違い』を伝えてお客様の"考え方"が変わるのを待つということですね。

石　山：おっ！ 違いのわかる男になってきましたね～。

あなた：でも、もうこの会話も最後ですね…。

石　山：あなたは笑顔のほうが素敵ですよ。またお会いしましょう！　必ずっ!!

chapter 3　思い込み

chapter 3　85

第4章
押し売り店販撲滅！

「楽しい店販」で、
お店もお客様もバージョンアップ！

～知識編～

ヘアスタイルを管理せよ！

「店販」についての講習やセミナー。これまで何回、開催してきたでしょうか。おかげさまで全国の美容師さんとお会いすることができました。せっかく頂戴した貴重なお時間。その中で私が一貫して叫び続けたことは3つでした。

1. 単価アップのためでなく、再来アップのために店販をやろう。それはアフターフォロー重視の店販だ！
2. うちのお客様はみんなスタイリングが上手、当店のお客様はみんな髪がキレイ、と誇れる店販をしよう！
3. ホームケア商品を紹介しないのは無責任。店販売り上げはお客様への愛情の証。購入されたのは商品ではなく安心なのだ！

サロンビジネスの王道は「お客様が前向きな気持ちになれるヘアスタイルをつくること」そして、「次回の来店日まで、自信をキープさせることができる方法と商品を徹底指導すること」の2つだと思います。つまり"サロン"と"ホーム"という2つの場所において、プロフェッショナルがヘアスタイルを管理する。その結果、お客様の心は癒され、素晴らしい人生を手に入れるための行動を起こすことができる。しびれるほどカッコいいっじゃないですか！　美容師さんって。

第4章イラスト　石川ともこ

Part.1
（どうして店販は難しいのか？）

しかし、簡単ではないのだ！

　サロンビジネスの王道は、左のページでご説明しました。ところが非常に難しい分野が店販なのです。私たちはお客様に使って頂きたい。しかしお客様は首を縦に振らない。でも考えてみれば当たり前の結果。なぜならお客様にとって予定外の出費になるからです。

　そもそもお客様がサロンに来店するときは、ある程度の予算を決めている。例えばカットとカラーで1万円。予定外のトリートメントをオススメしても断られる。ましてや店販。"良い商品なのだろうなぁ"と思ってくれたとしても、いかんせん予定外。だから未練があったとしても、「また今度にする」「考えておく」という答えが返ってくる。「予定外のことは大体、断る」。これが当然の心理なのです。

　人間は予定外のことを極端に嫌う習性を持っています。予定通りにことが進んで欲しい。これを読んでいる、あなただって人間。例えば今日は予約がびっしり。時間はタイト。1分だって無駄にできない。仕事の流れを頭の中で何度もシミュレーション。準備も万端。しかし、最初のお客様が1時間遅刻してくる。予定外にイライラ気味になる。イメージ通りにならないと人間はかなりのストレスを抱えることになるのです。

本当に大変なんですから…

　さらにもうひとつ。サロン店販にとって大きな障害があります。それは「もう持っている」という壁。数ある店販商品の中でも、シャンプー販売が特に難しいと言われる。普通に考えれば当たり前のこと。なぜなら"シャンプーは持っている"から。いままで「1年間、頭を洗ってません！」というお客様が来店されたことはあっただろうか？　ほとんどの日本人はシャンプーで頭を洗う。つまりもうすでに持っているし、まだ"ある"のです。"ない"のなら購入しなければならない。シャンプーボトルの中身がなくなりそうになったとき頭の中に何が思い浮かぶか？　もしも、あなたの顔が浮かんだとしたらサロンのシャンプーを購入されるでしょう。もし、ドラッグストアやテレビCMが浮かんだらパブリック商品を購入されるでしょう。しかもサロン商品はパブリック商品よりも値段が高い。これも大きな壁です。「シャンプーなんて髪が洗えればいいのだ」というお客様にはサロン商品は高すぎ。贅沢品と思われるだろう。

　店販。一体どうすればいいのか？　これではまるでお客様の家に洗濯機があるというのに、もう1台さらに高額な洗濯機をセールスしているのと同じことです。一見、絶望的に思える。しかし洗濯機だって、サロン店販だって今日も、ちゃんと売れているのです。

chapter 4　楽しい店販

「私は技術者です。技術を売っています。物売りではありません。だから店販はしません」とおっしゃる方がいます。
　一見、カッコよく聞こえますが、実際はあんまりカッコよくないと思うのです。なぜかというと説明不足だからです。お客様が不満や不安を感じるときは、必ずこちらの説明が足りていません。

お客様が不満や不安を感じるとき

「聞いてないよ！」
まさにコレです。例えばの話。あなたが家のリフォームをしたとします。あるとき職人さんが言いました。「この窓枠に使っている木材、とてもいい味だしてるでしょ。でもね、部屋の密閉度が高いから窓が結露しやすくなるんですよ。毎日せっせと結露をとるのも大変ですから、このようなカビ防止スプレーをシュッシュすれば安心です。これはプロ用なんです。効果が高くて、臭いがキツくない。だから子供さんがいても大丈夫。毎日使うものだから使い勝手がいいのが1番でしょ。欲しいっておっしゃるお客様が多いんですよ。いかがです？　1本、ご用意しておきますか？」と説明してくれたら親切な職人さんだなぁと思っちゃいませんか。
「あとは、ご自由にどうぞ」とホッタラカシにしない。その先のこともちゃんと説明してくれる。だから次も頼もうと思うし、紹介もしたくなる。
　ヘアスタイルも同じだと思います。次にサロンに来るまで何をしておけば1番よいのか。それがお客様の1番知りたいこと。サロンにあるスタイリング剤やホームケア商品について「それ聞いてなかったよ！」と言われたら不満注意報が発生してます。

深呼吸タイムにしよう！

　さぁ、ちょっとここで一息。リラックスしましょう。問題が山積みなのは確か。でも体に力が入りすぎていてはベストパフォーマンスは実現しません。まずは「初心忘するべからず」。ぜひ読んで頂きたい文章があるのです。ゆっくりと味わいながらお読みください。

お客様の家。
バスルーム、洗面台、ドレッサーやカバンの中。何気なく置かれている、色とりどりのホームケアグッズたち。
それを、お客様が手にするたびに、オススメしてくれた『あなたの顔』『あなたの声』『あなたがくれた自信』を思い出しています。
ドラッグストアで購入したシャンプーやトリートメント。そのボトルの中身は、単なる「液体」。
たまたまお買い得だったから？
テレビCMを見ていたから？
友達も使っているから？
そんな理由で、なんとなく使っている。
でも、あなたがオススメしたシャンプー、トリートメントの中身は、「結果への期待」＋「温かい安心」＋「信頼感」。その一滴ひとしずくに、「もっとキレイにな〜れ！」「も〜っと、自信UP！」と、あなたの素敵な魔法がかけられているのです。
お客様の嬉しそうな表情や気持ちを十分に味わってみてください。
さぁ、一人でも多くのお客様に魔法の店販を届けましょう！

さて、ここからが大事なところです。ひとつ質問させてください。
　あなたは、この文章を読んで、「お客様にこうしてあげたいな〜」「こうなると楽しそうだな〜」と心がジワ〜ッと温かくなりましたか？
　　　　　YES　or　NO
どちらかに○印をつけてください。
　もしYESに○印がついたならば、あなたがあきらめない限り、お客様に魔法の店販を届けることができます。絶対です。例外はありません。自信をお持ちになってください。熱い想いは必ずお客様に伝わります。

　では、NOに○印がつきそうになった方。お願いです。もう1度、読み直して頂けませんか？　そして目を閉じて、あなたのお客様がニヤニヤしていることをイメージしてみてください。たくさんのお客様があなたを待っているのです。「さぁ、もっと美容を楽しみましょう！」と言葉をかけてくれることを期待しながら。あなたがやらずに誰がやるんですか！　あなたが本気になるのであれば私は真実を明かします。
　いいですか？　1回しか言いませんよ。
「実は、店販は難しくない。単純明快シンプルなんです。考えれば考えるほど難しくなるだけです」
　では、次のパートに進みましょう。

chapter 4　楽しい店販

Part.2
（心の動きを感じよう！）

あなたの心理＝お客様の心理

　店販が売れないとき。あなたは売る気満々。お客様は全く興味なし。お互いの心はバラバラです。
　あなたの心とお客様の心がイコールになれば店販は売れます。「あれ？　売れちゃったよ」と不思議なくらい簡単に。

　このパートでは、店販をオススメするときに理解しておくべき心理についてご紹介します。あなたの心理とお客様の心理について、それぞれ3つ。まずはあなたの心理から。ちなみに心理とは"心の理由"ということです。

あなたの心理編

「店販が難しくなる」3つの理由

【あなたの心理：その1】
聞きたくないのに、聞かせようとしてしまう

ある日、このようなメールが届きました。

私は口下手で正直、店販が苦手です。
もっと上手に商品の説明ができるようになれば、もっと売れるのでは？と思うのですが、何かいい方法はありませんか？商品説明のコツなど、ぜひ教えてください。

以下、私が返信したメールです。

メールありがとうございました。
もし、タイミングが合えば私のワークショップなどに参加して頂けるといいなぁとは思いますが、その前にお伝えしたいことが、1つあります。
○○さんは、今までも、そしてこれからも、「商品の良さをいかに語るか、伝えるか」ということを考えながら店販の苦手意識を乗り越えようとしていませんか。もし、そうだとしたら大変難しいことに挑戦しています。
一度、もっとシンプルに考えて欲しいのです。何に

お客様の 心

私の 心

ついてかというと、お客様の●●●●にスポットライトを当てて欲しいのです。そうすれば、今の○○さんの努力も必ず活きてきますよ。

さて、あなたは、この「お客様の●●●●」って何だと思いますか？　では、ヒントです。以前、セミナーを受講された方のご感想をご覧ください。

◆

お客様に商品を買って頂くために、お客様にその商品のよさをできるだけたくさん伝えないと…と考えていました。しかし、大切なのはそんな事ではないと気づきました。

◆

確かに、商品のよさをお客様に伝えることは大事。でも、それよりも大事なことがあります。それは「お客様の●●●●」を知ること。これを外すと、どんなに上手に説明をしてもお客様は購入しません。実はここだけの話。売れている人は使いこなしています。その秘密。あなたも知りたいですか？

●●●●って何だ？　引っ張らないで早く教えろ〜と、知りたくって、たまらなくなりましたか。

なぜ、そうなったのか？

私がそうなるように書いたからです。あなたが、知りたくなるように工夫をしたのです。

何をもとに工夫したのか？

それが、●●●●＝"心の動き"です。「何それ？　聞きたい！　教えて！」とお客様の心が動けば、こちらの話もしっかり聞いてくれます。この工夫を省いて、いきなり聞かせようとしても聞いてくれません。もし、あなたがお客様に聞きたくないのに聞かせようとしていたら、これほど「難しい店販」はありません。

chapter 4 楽しい店販

【あなたの心理：その2】
思いこみのフィクションドラマに負けてしまう

まずは、ひとつの哀しい話をご覧ください。

　正直、中学生の頃の私、かなり微妙でした。何がって？

　好きな女の子に告白すると必ず、こう言われるのです。「ごめんね～。石山君は、どっちかというとLOVEじゃなくてLIKEなんだよね～」って。

　おい！ 軽く言うなよ。こっちは相当、勇気出して言ったんだぞ！ もう…、もう…。いろんなこと心配したり、悩んだり、ひょっとしてうまくいくかも！ と勝手に盛り上がったり、大変だったんだぞっー!!

　…と、頭の中では叫んでいる。

　でも、口は嘘つきだ。

　「そうだよな～。まぁこれからもよろしくな！」と言いながら、顔はひきつり、目も泳ぐ。この雰囲気の重さは何なんだ。もう1秒でも早くこの場から立ち去りたい。あ～～もうっ、恋なんか絶対にするもんかーっ! そして、後悔。後悔。後悔。

　しかし、やっぱり彼女が欲しいから、他の女の子にも告白。でも、断られる。そして、後悔。これを何回も繰り返す。いつの間にか、"告白恐怖症"のモテナイ少年のでき上がり。自分の殻に閉じこもり、もう誰にもアタックしなくなった私。今思えば、熱いまなざしで僕を見つめていた花子ちゃんの存在に気づけなかったのでした。残念（泣）。

　はい、終了！

　あなたも同じ経験があるのなら、私とお友達です（笑）。では、もう1つのお話をご覧ください。

　正直、以前の私の店販、かなり空回りでした。何がって？

　商品を説明した後、「どうです？　1度使ってみませんか？」とお聞きする。ほとんど、こう言われるのです。

　「今、使っているのがまだあるし～。それに私には、ちょっと高い気がするわ」って。

　おい！ スグに断るなよ。こっちは相当、勇気出して言ったんだぞ！ もう…、もう…。いろんなこと心配したり、悩んだり、ひょっとしてうまくいくかも！ と勝手に盛り上がったり、大変だったんだぞっー!!

　…と、頭の中で叫んでいるのに、口は嘘つきだ。「そうですよね～、じゃまた今度で！」とわけわかんないこ

とを言いながら、顔はひきつり、目も泳ぐ。この雰囲気の重さは何? もう1秒でも早くこの場から立ち去りたい。あ〜〜もうっ! 店販なんか絶対にするもんかーっ!

そして、後悔。後悔。また後悔。

しかし、やっぱり売り上げがほしい。他のお客様にも言う。でも、断られる。そして、後悔。これの繰り返し。いつの間にか、「店販恐怖症」のでき上がり。もう誰にもアタックしなくなった私。

今思えば、熱いまなざしで私を見つめていたお客様の存在に気づけなかったのでした。残念(泣)

人間にとって、最もツライことは自分自身の存在を否定されることです。だから、「断られる」ことに恐怖を感じます。そして迫りくる恐怖に対しての対応策は2つ。

① 恐怖から逃げる。
② 恐怖に立ち向かう。

逃げることはちょっと「カッコ悪い」。だけど立ち向かうには、まだ不十分な気もする。その瞬間、人間は自分自身を納得させる様々なイメージが頭の中に浮かびます。

例えば、店販だとこんなイメージです。「さっき、子供さんの学費がキツイって。絶対、商品は買わないだろうな…。うん、きっとそうだ!」でも、これは事実ではありません。こちらの思い込みがスタートさせた自作自演のフィクションドラマです。これも「むずかしい店販」の原因のひとつ。イメージは空想の世界。でも、目の前にいるお客様は現実の世界にいます。本当の現実や事実はお客様だけが知っています。だから、お客様に聞いてみるしかないのです。

「1度、使ってみませんか?」

たった一言、聞くだけ。買うか買わないかを決めるのはお客様です。あなたではありません。事実をちゃんと確認することだけに集中する。それだけですべてがうまくいくのです。

chapter 4 楽しい店販

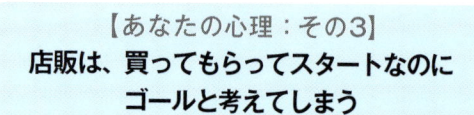

【あなたの心理：その3】
店販は、買ってもらってスタートなのにゴールと考えてしまう

　セミナー中、受講者の方々に質問します。「あなたの先月の店販売り上げはいくらでしたか？」
　そうすると、ほとんどの方々が答えてくれます。
　では次に、「それでは、先月までのあなたのホームケア導入率は何％でしたか？」と聞くと、ほとんどの方々が返答に困ってしまいます。ホームケア導入率は、このような式で導きだします。

ホームケア導入率の式

$$\frac{あなたがオススメしたホームケア＆スタイリングを実行中のお客様の総人数}{あなたを指名してくれるお客様の総人数} \times 100 = \boxed{} \%$$

　分母は、あなたを指名してくれるお客様の総人数。月間の指名数ではありません。スタイリストの方でしたら、カット指名の総人数。アシスタントの方ならシャンプーやマッサージ指名の総人数を基準にします。
　分子は、あなたを信頼してサロンのホームケア商品やスタイリング剤を購入し、使ってくれているお客様の総人数です。カルテを引っ張り出して、正確な人数を把握してみましょう。そして、ホームケア導入率を計算してみてください。では、ここからが重要なところです。
　ホームケア導入率にこだわると何が起きるか？

導入率を下げないためには2つのことに注意しなくてはなりません。
①リピート購入を止めさせないこと。
②新しい購入者を増やすこと。

　特に①のリピート購入を止めさせないことは、最重要任務です。なぜかと言えば、リピート購入は、このようなトークで売れてしまうことがあります。
あなた：「そろそろ、なくなる頃ですよね。」
お客様：「あっ、そうそう。言ってくれて助かったわ」
なんだかとても簡単で楽しそうです。
　逆に、店販商品を1度も買われたことがないお客様の初購入は、商品のよさを説明し、使い心地を説明し、価格は高いけどその値打ちは十分あることを説明し…といろいろと大変です。
　例えば、Aという商品は2,500円。初購入でも、リピート購入でも、売り上げ金額は2,500円。大変な思いをしても、簡単で楽しくても売り上げ金額は2,500円。リピート購入のお客様は本当にありがたい存在。もっとVIP待遇が必要です。それができなければ永遠に「むずかしい店販」を続けていかなければなりません。
　「私は売りっぱなしを絶対にしない」という自信があれば店販は必ず売れるのです。

お客様の心理編

"心の動き"をつかむ3つのナビ

心とは常にコロコロ動いています。ある人はゴロンゴロンとダイナミックに。また、ある人はチョビチョビと。動き方は人それぞれ。これからご紹介する3つのナビがあれば心の現在地がわかります。
「心は今、どこにいるのか？」
これさえわかれば安心してアプローチすることができます。もう"押し売り"なんて永久にサヨナラです！

【お客様の心理：1番目のナビ】
人間が、何かを欲しくなるまでのプロセス

これはかなり、人生の極意。なぜかというと、人間は、このプロセスで何かを買ったり、手に入れたりするからです。

例えば、恋愛で考えてみましょう。

> 1. あなたはまだ、彼に会ったことがない。
> （知らない）

⬇

> 2. しかし、あるとき合コンで彼に出会った。
> （知る）

⬇

> 3. 第一印象は普通だったけど、とても優しくて聞き上手。さりげなく気配りもできて、彼のおかげでコンパも盛り上がった。もうちょっと彼のことが知りたくなってきた。
> （気になる・興味がわく）

⬇

> 4. 翌日、一緒に合コンに行った同僚のB子から彼の「連絡先を知らない？」と聞かれた。実は、携帯電話番号を交換していた。でも、「知らないよ」と嘘をついた。B子は彼のことを狙っている。彼の横にいて似合うのは私なのよ、となぜかあなたは目覚めてしまった。
> （欲しくなる）

⬇

> 5. 仕事が終わってから、電話した。いや、本当は電話できなかった。最後の番号を押すとき、手が止まった。彼に、彼女がいないわけがない。どうしよう？
> （不安になる）

⬇

> 6. しかし、あなたは電話した。明後日、食事することになった。勇気出してよかった。
> （決断する／YES or NO）

chapter 4 楽しい店販

1番目のナビ　図1
人間が何かを欲しくなるまでのプロセス

お客様の心の動き　➡　あなたがすること

① 知らない
　→　どうやって知らせるか？
② 知る
　→　どうやって気にさせるか？
　→　どうしたら興味がわくか？
③ 気になる／興味がわく
　→　どうやったら欲しくなるか？
④ 欲しくなる
⑤ 不安になる
　→　どうしたら不安が取り除けるか？
⑥ 決断する
　→　どうしたら購入しやすいか？
（YES or NO）

　洋服を買うときも、車を買うときも、トイレットペーパーを買うときも、人間はこのプロセスどおりに心が動いていきます。
　店販もこのプロセス①～⑥までゴロゴロと転がりきったお客様が購入されるわけです。①知らない人が②知るに移ったら、すぐに⑥決断まで一気に進んでしまう人がいます。このようなお客様は、「何かいいのない？」とすぐにお求めになる方です。
　または、②知るから③気になるになったけど、そこで止まってしまう人もいます。「前から気になっていたのですが、アレ、どうなんですかね？」と聞かれるお客様です。
　①～⑥に進むスピードは人それぞれです。多くの場合は、④欲しくなるへ進めるような情報が必要となります。いずれにしても、お客様の心が今、どの位置にいるか分かれば、あなたが具体的に何をするべきか明確になるのです。
　それを一覧表にまとめたのが、≪図―1≫です。もし、今後、あなたが何かを購入するとき、自分の心の動きを観察してみて下さい。とても勉強になります。

【お客様の心理：2番目のナビ】
現実と理想のギャップ

　人間が何か行動を起こすときには、必ず今の自分に我慢できない、あるいはもう絶対に納得できない、と強力な感情がメラメラと燃えあがります。
　そして、すでに頭の中では未来の自分が鮮明にイメージされています。
【未来の理想の自分】を必ず手に入れてみせる!!　モチベーションは最高です。
　しかし、ここで困ったことがおきます。
≪図―2≫を見て下さい。
【今の自分】から【未来の理想の自分】になるまでには自分が変わっていかなければなりません。
変化前が【今の自分】。
変化後が【未来の理想の自分】。
この差が【ギャップ】となって現れます。
　そして、【ギャップ】をなるべく早く埋めるために、「何を使って、どのような方法を選べばベストか？」という答えや解決策を探し求めるようになります。
　例えば、お客様が自分の髪のコンディションにもう我慢できない、もう絶対に納得しない、という強力な感情がメラメラと燃えまくっているとしましょう。
　このとき、すでに頭の中では、キレイな髪になって満足そうに鏡に向かい、やさしく微笑んでいる自分の生活が映画のように映し出されています。
　絶対にこのような、キレイな髪を手に入れて見せる!!　モチベーションは最高状態です。では、どうやっ

2番目のナビ　図2

〜現実と理想のギャップ〜

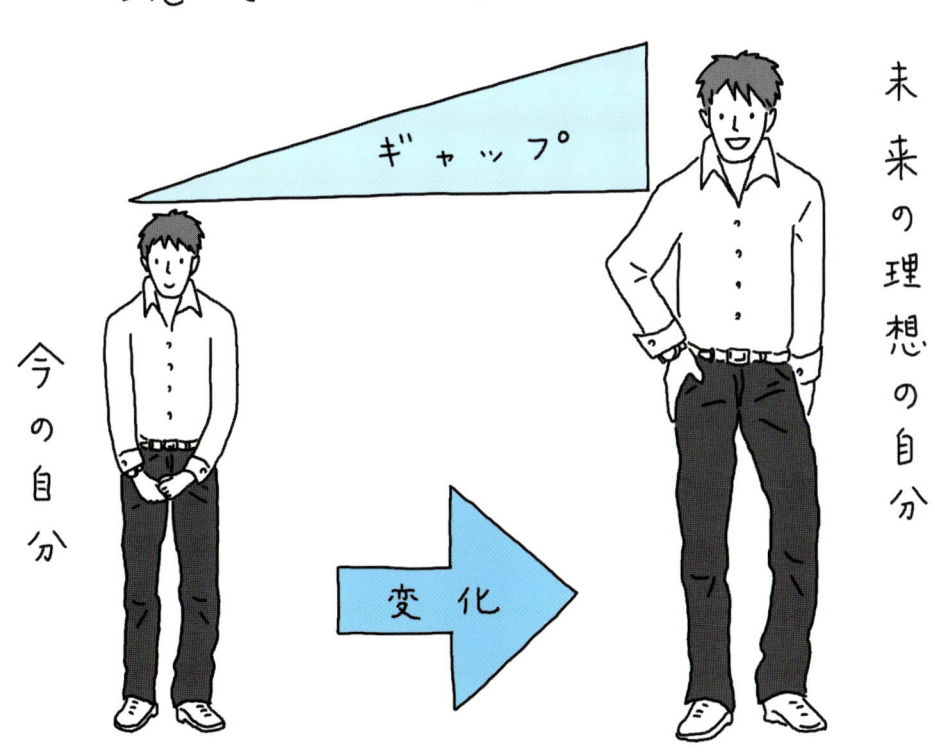

ギャップ

今の自分

未来の理想の自分

変化

て【未来の理想の自分】に変わるか？　何をすればいいの？　誰か教えて！　最短距離で実現できる方法は何なの？

　そして、その解決策として、店販商品を使ったホームケアプログラムと、サロンでのトリートメントをご紹介すると、大変に喜んで頂けるわけです。

　このようなお客様にめぐり会えたら最高ですよね！

　どれくらいの比率で会えるかは、「3番目のナビ」で説明します。

　しかし、ハッキリ言って少数グループです。悲しいことにほとんどのお客様はモチベーションが低い場所にいます。

　なぜなら、ほとんどのお客様は【今の自分】をなるべく、見ないように、気づかないようにしているからです。

　悩みや、不満、不安、困ったことなど、「自分にとって好ましくない現実は、なるべく見ないように、気づかないようにして生きていく」。これが人間の習性です。しかも、見ないようにしているのに誰から指摘されると、「お前に何が分かるというのだ！」と怒りだすか、深く心を閉ざしてしまうので要注意なわけです。ところが、【今の自分】を真正面から見つめることができるタイミングがあります。それが、この2つです。

①**自分で気づき、**
　自分で何とかしなくちゃと思ったとき。
②**自分の信頼している人から**
　アドバイスをもらったとき。

とにかく【今の自分】を見てもらわない限り、変化への行動は始まらないのです。いかに、お客様に【今の自分】を見てもらえるか？　それがあなたの腕の見せ所です。

chapter 4　楽しい店販

chapter 4　97

【お客様の心理：3番目のナビ】
②・6・2の法則

　最後は、店販の極意です。
　実は、誰もがお客様全員に店販を買って頂くことを期待しています。
　でも、現実は、思うほど売れません。
　しかし、たまに買うお客様がいらっしゃいます。「なんて、今日は運がいいんだ！」と神様に感謝！これを私は「運まかせ店販」と呼んでいます。
　本当は、どれくらいのお客様が断り、どのくらいのお客様が購入するのかは決まっているのです。
　その指標が《図―3／②・6・2の法則》です。
　ただ最初に断っておきますが、これは目安です。この比率にピッタリと収まるわけではありません。でも、実際にやってみると大体②・6・2に落ち着くから不思議です。では、1つずつ説明しましょう。

上の②　（←買うお客様）
「キレイになりたい（もっとよくなりたい）という美容モチベーションが高い、お客様」
※【今の自分】を見た。モチベーションは最高状態。

真ん中の6　（←買わない。でも、買うかもしれない）
「キレイになりたいけど（もっとよくなりたいけど）、よく考えてから決断したい。先延ばし希望のお客様」
※【今の自分】を遠くに置いて、ボヤかして見ているお客様。ただ、まったく見ていないわけではない。

下の2　（←絶対に買わないお客様）
「今は幸せ。だから、そのまま見守っていてあげたいお客様」
※【今の自分】をまったく見ない。

では、ここでクイズです。
Q．あなたがお客様に店販をアプローチをしたら、何％の確率で断られるでしょうか？
ヒント…真ん中の6と下の2を合わせた数です。
A．正解は8割。10人中、8人に断られます。
「ゲ、ゲ、ゲ、そんなに断られるのなら店販なんかしないほうがいいじゃないか。うそつき」と思ってもいいのですが、でも、ちょっと待ってください。
　確かに10人中、8人に断られます。ところが、10人中、2人は買うのです。野球で言えば、打率2割の打者。イチロー選手でさえ打率8割は不可能。ものすごくよいときで打率4割しかないわけです。だから、あなたが8人に断られることは、とても健全。とてもナチュラル。当たり前の世界なのです。断られて、落ち込むだけ損なのです。
　それよりも、モチベーションの高い2人のお客様に注目しましょうよ。こちらのお客様を満足させてあげましょうよ！　そうしたら、あなたはお客様に感謝されます。ホームケア導入率も上がります。あなたのモチベーションと自信もUPします。いいことだらけ。これを善循環といいます。
　さぁ、これで3つのナビが手に入りました。それでは次のパートで、あなたが目指すべき店販の世界を確認していきましょう。

3番目のナビ　図3

〜②・6・2の法則〜

本日の美容モチベーションが高いお客様を探す

> すぐに欲しい人。現状に大きな不満をもっていて解決できるものを必死に探している。

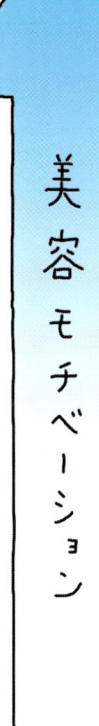

↑ 美容モチベーション

②

> 提案は聞くが、すぐには買わない。今、問題が何となくあることは分かっているが、その問題解決はなるべく先延ばしにしたい。

6

2

> 現状で大満足。新たなものはいらないと思っている。

chapter 4　楽しい店販

Part.3

（目指せ！楽しい店販）

美容の楽しさは永遠に不滅です！！

　人間が新しいことをはじめたくなるとき。それは決まって"楽しい予感"がするものです。お客様がサロン商品を購入されるときも同じ。
「私はもっとよくなっていい！」
「私は絶対によくなれる！」
「もっとよくなれ、私！」
とポジティブな気持ちで一杯になる。
「自分の可能性を信じてみよう！」
「明るい未来を期待してみよう！」
「希望に向かって前進してみよう！」
「こんな気持ちになれたのは久しぶり！」
「もっと楽しませてほしい！」
「もっとワクワクさせてほしい！」
本当はこのように願っているんです。
　そもそも美容とは、こうあるべきではないでしょうか。だからこそお客様は"楽しい店販"をずっと待っていたのです。
　じゃあ、"楽しい"って何なのでしょうか？
　人間が"楽しさ"を感じるときは、必ず「希望」があって、「目標」が見えていて、「仲間」がいます。だって、希望もなく、目標もなく、仲間もいない人生って楽しくなさそうです。だから店販商品の力を借りながら、「もっとよくなれるよ！」とお客様に「希望」を与える。

「こうしていこうよ！」とお客様に「目標」を持たせる。
「私がついてるから！」とお客様と「仲間」になる。
　どんなに景気が悪くなっても、予定外の提案であっても、すでに使っているものがあったとしても、値段が高かったとしても、「希望」「目標」「仲間」をお客様がハッキリと自覚できれば関係ありません。人間はいつだって最終的には"楽しい"方を選ぶからです。だからこそ目指しましょう、楽しい店販！

まずは、めぐり合うこと

　さて、ここからは「楽しい店販」の全体像を眺めてみましょう。先ほど、ご紹介した3番目のナビ「②・6・2の法則」をもとに、店販アプローチを整理すると、この4ステップにまとまります。
《ステップ1》②を確実に満足させる。
《ステップ2》②のリピート購入を止めさせない。
《ステップ3》6を、5や4にして、②を③や④にまで高めていく。
《ステップ4》そのリピートをとめさせない。
　1つずつご説明します。

> 【ステップ１】
> ②を確実に満足させる

「今日は ②・6・2のどこなのか？」

お客様が自分で②・6・2のシールを貼ってきてくれたら、どんなにいいだろうと思いますが、そんなに甘くありません。まずは美容モチベーションが高まっている②のお客様を見つけだす。そして購入までのお手伝いをさせて頂く。ここがすべてのはじまりです。

【ステップ2】
②のリピート購入を止めさせない

めでたく、おすすめのホームケアを開始した②のお客様。絶対に満足してもらいたい。そのために何を実行していくのか。お客様への愛情がもっとも試されるステップです。気持ちが届けばお客様は繰り返し、ご購入されます。

まずはステップ1で打率2割を達成。

次に、ステップ2で打率2割をキープです。これだけで店販売り上げは安定します。

【ステップ3】
6を、5や4にして、
②を③や④にまで高めていく

ここからは上級編。ステップ1とステップ2をクリアしたら取りかかりましょう。

美容モチベーションがまだそれほど高まっていないお客様は即購入されません。しかし上の②に近い位置にいる6のお客様に、楽しい美容情報を提供していくと購入が実現します。こちらの腕が上がれば②が③や④になります。結果、美容モチベーションが高いお客様が増えてきます。

【ステップ4】
そのリピートを止めさせない

心構えと方法は、ステップ2と同じです。ここまでくると、かなりのお客様がリピート購入されますから店販売り上げはさらに安定。お客様の髪のコンディションも良くなるのでスタイルがつくりやすい。再来率も高い。お客様の満足度も高いのでスタッフの意識も高くなる。とてもいい感じです。当然、仕事が楽しくなります。

打率2割の成績はいかに？

聞くところによると、プロ野球選手は打率2割がプロとしての最低ラインだそうです。2割5分で並の選手、3割でいい選手、3割5分で首位打者となり4割で伝説の人と呼ばれます。伝説の人になるには大変そうです。でも、プロとしての最低ラインはクリアしておきたいですよね。

では、打率2割でどれくらいの数字が叩き出せるか計算してみましょう。

・計算式

{(Ⓐ　)人×20%}×(Ⓑ単価　)円×
(Ⓒ営業日数　)日=(Ⓓ　　　　)円

Ⓐは、あなたが1日に施術、接客する人数を入れます。

スタイリストの方でしたら、1日のカット人数です。忙しい日と平日ではバラツキがあるでしょうから平均値の数字を出します。

アシスタントの方は、シャンプー指名やマッサージ、施術の補助など、お客様と過ごす時間がある人数。

Ⓑは、あなたの最もオススメしやすい店販平均単価を入れます。

Ⓒは、あなたが実際に現場に出る日数です。例として、Ⓐを6人、Ⓑをシャンプーとワックスで3,000円、Ⓒを22日としてみると、

{(Ⓐ 6)人×20%}×(Ⓑ単価3,000)円×
(Ⓒ 営業日数22)日=(Ⓓ 79,200)円
となります。

ぜひ、あなたも自分のデータで計算してみて下さい。Ⓓ が、1か月で本来、手にすることができたはずの店販売り上げです。

そして、例えば3か月を平均来店周期とします。

この方々のリピート購入を絶対に止めさせないようにすれば3か月後も79,200円の店販売り上げ。しかも新たな②のお客様を見つけていくと10万円を超えるかもしれません。"楽しい店販"はやればやっただけ結果がついてくるのです。

魔法の言葉 "具体的に"

私の講習にいらした方々に参加動機を聞いてみると、この2つになります。

【タイプ・1】店販が苦手。どちらかというとやりたくない。でも、周りにすすめられたので、とにかく来た。

【タイプ・2】店販は得意。だけどお店全体ではまだまだ。だから店内講習会をするためのヒントを探しに来た。

講習後は、以下のようになります。

【タイプ・1】の方は、店販の大切さを頭ではわかっていた。でも何からはじめればいいのか分からず困っていた。まず、やることを整理した。とにかく行動した。結果がでてビックリした。

【タイプ・2】の方は、これまでの自分のアプローチをさらにパワーアップさせ、お店の仲間たちが、どこで苦しんでいるのかを理解した。

このような感想がファックスで届きます。読んでいると目頭が熱くなります。どちらのタイプの方々も、めっちゃカッコいい!「今、具体的に何をすればいいのか」さえわかれば人間は行動したくなるのです。

キーワードは"具体的"になっているということ。例えば、お客様と共有すべき「希望」「目標」「仲間」も"より具体的"になっているとスグに行動できます。具体的思考になれば、具体的行動ができる。つまり結果が出やすくなるのです。では最終パート。店販において最重要事項。ご確認ください。

楽しい店販

Part.4

（2回目の購入が1番大事なんだよ！）

運命の分かれ道

　さぁ、店販が売れました！　「やった！ 嬉しい！」と自然に笑みがこぼれる。スタッフルームでおもわずガッツポーズ。なんともいえない心地よい瞬間。

　ところがすぐに気持ちを切り替えなければなりません。購入した商品を観賞用として楽しむお客様はいません。使うために購入されます。しかも継続して使用します。お客様にとっては購入したときが新たなホームケアのスタートなのです。ここがものすごく大事なところ。だから私たちは決意しなければなりません。「店販は買って頂いてスタートだ」と。

　お客様が購入を決めたとき、もうすぐに「2回目の購入」にむけてスタートできるかどうか。ここが運命の分かれ道です。

　よろしいでしょうか？ 重要なことですから、もう1度言います。「店販は、買って頂いてゴールではなく、買って頂いてからがスタートです」。

　では具体的になにをするのか？　それがアフターフォローなのです。

店販をする目的とは？

店販をする目的は2つあります。
①お客様の髪をキレイにすること。
②お客様の自信をUPしてもらうこと。

　この目的を達成するために、絶対に必要なことは何だと思いますか？

　ここで、ちょっと本を閉じて考えてみてください。わかりましたか？

　あまり難しく考えないでください。
正解は、
「お客様に使い続けてもらうこと」です。お客様が使うことを止めたら、店販をする2つの目的を達成することは絶対にできません。

　でも、「使い続けてもらう」って大変なことです。面倒くさいとか、大変とか、1日くらい休んでもとか、思ったより結果が出ない、買いに行く時間がないとか、止める理由はいくらでもあります。だから怖いのです。

1人にしないで！（泣）

　お客様が商品を使い続けない理由が2つあります。
（A）髪、地肌に合わなかった。**体質的な問題**。
（B）ほったらかしにされた。**心理的な問題**。
（A）は仕方ありません。親身になって違う商品をオススメしてあげれば、さらに信頼感はアップします。
　問題は、（B）です。
　いわゆる、"売りっぱなし"という状態。ドラッグストアなどで購入できる市販品とサロン店販の違いは何でしょうか？
　市販品は売りっぱなしです。もちろんお客様も買

chapter 4 楽しい店販

chapter 4　103

いっぱなし。だから【未来の理想の自分】へ、たった1人。トボトボと歩いて行くしかありません。
なんだか可哀想です。
　サロン店販のよさは、【未来の理想の自分】に向かって、あなたとお客様の二人三脚で歩んでいけることです。
「応援してくれる人がいる」
「見ていてくれる人がいる」
だから、頑張れる。だから、続けることができるのです。あなたを信じて、お客様は店販商品を購入したのです。
【未来の理想の自分】にゴールするまでは、しっかりフォローしてあげなければ挫折してしまいます。アフターフォローは本当に大事です。

アフターフォローのポイントは？

　当たり前の話ですが、リピート購入はボトルの中身がなくならなければ購入する必要はありません。
　それに、「たまに使っている」より、「毎日使っている」ほうが断然に早いペースでなくなります。それでは早いペースで中身がなくなるためには、どうすればいいのでしょうか？
　ポイントは「マンネリからの脱出」です。どんなに愛していても毎日、一緒にいると新鮮な気持ちが薄れてきます。これは仕方ないことです（きっと既婚の方は深く納得頂けると思います）。
　ホームケアのマンネリから抜け出すには、"刺激"が必要になります。しかも"楽しい刺激"でなければなりません。ツラかったり、苦しかったり、我慢し続けなければならないことは続きません。"楽しい刺激"はいろいろありますが、今回は3つ、ご紹介します。

1. お客様の美容モチベーションをキープすること

　まずはお客様をほめること。以下のように、プロの立場から結果が出ていることを伝えてあげると安心できます。
・商品を使っていて髪がどのようによくなっているのか？
・なにか変わってきたことは？
・お客様自身の見た目がどう変わってきたか？
など、劇的に変化していなくてもいいのです。1%だってよくなっていれば、ほめてほしい。
「あれ、こんな少ししか変わってないのか！」なんて思ってはいけません。1%でもよくなったということは、お客様が一生懸命使い続けてくれたからです。その努力をほめたたえましょう。そして共に喜び合いましょう！

2. 新しい知識や情報を伝えること

・お客様がお使いになっている商品が、いかに優れたものか？
・髪の構造上、どのような働きがあるのか？
・その商品を選んだお客様は、いかに正しいか？
・さらに、このような使い方もあるから試してみたらどうか？
など、使っている商品が「やっぱりいい！」と改めて自信が出てくる知識や情報をお伝えしましょう。お客様は、自分が選び、使っている商品は間違いない！

と思いたいのです。

3. お客様の「心の支え」になること

　人が頑張るときは、必ず心の支えになる存在が必要です。スポーツ選手には、コーチや監督という存在。芸能人には家族や事務所関係者。もちろんファンも大きな存在です。「よくやった！」「がんばったね！」「応援しています！」「感動しました！」いつも見守ってくれる人がいる。自分のことを気にしてくれている人がいる。だから、目標やゴールを目指して頑張れるのです。

　もしも誰もが、あなたのことに無関心だったとしたら。夢や希望をもてるはずがありません。誰にだって心の支えが必要です。例外はありません。お客様はあなたを信じて商品を購入しました。ほったらかしは、罪が重いのです。

第4章
押し売り店販撲滅！

「楽しい店販」で、
お店もお客様もバージョンアップ！

～実践編～

　ここは美容室B＆K。半年前にオープンしたお店です。オーナーの光さん、スタイリストになったばかりのハルくん、アシスタント1年生のヒナちゃんの3人で営業しています。今夜は勉強会。光オーナーの熱血指導がはじまります。テーマは「店販」。ちょっとお店の様子をのぞいてみましょう。

オーナー　光さん　　スタイリスト　ハルくん　　アシスタント　ヒナちゃん

第4章イラスト　石川ともこ

Part.1
"楽しい店販" 4つの約束

光オーナー はい。では、今夜は"楽しい店販"の勉強会です。さっそく明日から取り組んでいこうと思います。僕がこのお店をつくるとき決めていたことがあります。サロンと家。この2つの場所でお客様のヘアスタイルをしっかりと見守っていくこと。だからホームケアの提案。つまり店販が不可欠なのです。2人はどう思う？

ハルくん ぼくも同じです。やっぱりお客様の髪や地肌が元気なら、お望みのスタイルにチャレンジもできますから。家でちゃんとスタイリングできてるかな？と心配になるときもあります。

ヒナちゃん 私はサロンの商品を自分で使っていてメチャ気に入ってます。だからお客様全員使ってくれたらいいなぁ〜と思います。

光オーナー わかりました。お客様にサロンの商品を使って頂くには購入してもらわないとなりません。この点についてはどうですか？

ハルくん 実は苦手なんです。もっとオーナーのように上手くできたらとは思うのですが…。

ヒナちゃん 私もです。興味ありそうなお客様には話してみるんですが…。ちょっと押し売りみたいで気がひけて。

光オーナー なるほど。実はね、店販はむずかしく考えるとややこしくなる。やることは単純明快！シンプルなんだ。これから順を追って話していくからしっかりとノートをとってね。

ハルくん・ヒナちゃん はい。よろしくお願いします。

光オーナー では"楽しい店販"をするときに守らなければならない4つの約束を説明します。

【1番目の約束】
本日の②・6・2を確認する

まず理解しておかなければならないことがある。サロンにいらっしゃるお客様全員は店販を購入しないということ。比率は大体決まっている。
（p99図3参照：3番目のナビ）

絶対に購入しない人が下の2割。まったく興味がないか、今使っているものが気に入っている、この位置にいるお客様にオススメすると嫌がられる。"押し売り"ってね。

次に、興味はある、でも即、購入を決めずに先のばしにする人が6割。興味はあるので説明は聞いてくれる。でも「今度ね」とか「考えておく」と断る。

最後が、スグに欲しいお客様が上の②割。もっとよくなりたい！ 悩みを解消したい！ 美容モチベーションが高まっているんだ。店販だけでなくサロンのメニューにも興味がある。我々にとっては大事なお客様だし腕の見せどころだ。この上の②の位置にい

るときは提案を待っている。逆に期待に応えられないとガッカリされる。最悪の場合は失客してしまうから要注意だよ。この②・6・2のどの位置にお客様がいるのかを確認するんだ。確認方法は簡単。お客様にある質問をするだけ。これは後で説明する。

とにかく上の②のお客様を探し出して購入して頂くこと。そうすればお客様もハッピーだし、僕たちもハッピーになる。まずは打率2割を達成することを目標にするわけだ。

【2番目の約束】
全員に声をかけ、確認する

それと、この②・6・2は毎回変化する。前回までまったく店販やメニューに興味がなく断っていた、つまり下の2か6の位置にいたお客様が、今日は上の②になっていることがよくある。美容モチベーションはあるキッカケで急に高まるからね。だから目の前にいるお客様全員に声をかける。勘違いしないでね。全員に商品の説明をすることではないよ。本日の美容モチベーションの確認をするために質問を投げかけるだけだからね。

絶対にやってはいけないことは、こちら側の決めつけ。前回も断ってたから無理だろうとか、"話しかけないでオーラ"をだしているからダメだろうとか、他にも、新規のお客様だからとか、メンズだからとか、学生だからとか、服装で判断とか、全部こちらの決めつけ。これは大変失礼なのことだ。我々の仕事はお客様の美容モチベーションをサポートすることだからね。だから忠実に確認する。結果、下の2割と6割の合わせて8割のお客様が購入されない。でも全員に確認しなければ上の②割のお客様が見つからないんだ。だから全員に確認すること。普通にね。

【3番目の約束】
お客様の時間であることを徹底する

お客様はサロンに来店され、料金を払う。お金は、技術だけでなくサロンに滞在される時間にも含まれているんだ。すべてお客様の時間。だから質問したら、よく聞かなければならない。質問されたら、ちゃんと答えなければならない。お客様が話しているときにさえぎってはいけない。口を開いたら最後まで聞く。我々のアドバイスはお客様が伝えたいことを全部言い終えてからでも遅くはない。

「傾聴」ってよく言うけど、聞くことが目的なんじゃない。お客様に語らせることが目的なんだよ。カウンセリングって今日のオーダーをしっかりと把握するために行うよね。でも、しっかりと情報収集しただけじゃダメなんだ。カウンセリングの目的はお客様に安心してもらうこと。だから、しっかりと語ってもらえれば「ちゃんと言えた」と満足できる。そのためにはまずは聞くこと。相談しにくい人を信頼しろ！　なんて無理だからね。

あとね、大事なことなんだけど人間って元気な気持ちになれなければ買い物はしないんだよ。ほら、講習会に行くと受講生が寝てるときがあるよね。でも眠っちゃった講師は見たことないでしょ。眠くなるのは聞いてる人。話している人は元気なんだよ。だからお客様に語ってもらうんだ。

付箋メモ：
- 本日の②・6・2を確認する
- 全員に声をかけ、確認する
- お客様の時間であることを徹底する
- ほめてねぎらう、いかなるときも

【4番目の約束】
ほめてねぎらう、いかなるときも

　ほめるって、「似合いますね」とか「すごいですね」とか「素敵ですね」とか「さすがですね」とか。ねぎらうって「がんばってますね」とか「大変でしたね」とか「ありがとうございました」とか。

　ところで、ほめるってどう思う？　我々にとって"ほめる"とは「いらっしゃいませ」という挨拶と同じ必須項目なんだ。でも決して、ゴマすりでも、いい気分になりなはれ！　ということではない。もっと重要な意味があるわけ。

　人間ってね、自分が気になることか、大切にしたいことにしかお金を使わないんだよ。楽しみや趣味のためにお金を使うのも、自分の時間を大切にしたいからだよね。店販も同じで、自分の髪や地肌、見た目が気になったり、もっと大切にしないとなぁ〜と思わない限りは購入はしない。上の②にいる人は自分でそのことに気づいたわけ。

　お客様に「もっと自分の髪を大切にしてあげてください」とストレートに伝えることもありだけど、変化球もほしい。それが"ほめてねぎらう"なんだ。

　例えば、「いい声ですね」と言われたら自分の声が気になりだす。「いつも若々しいですね」と言われたら、もっと自分を大切にしようと思う。つまり自分自身に意識を持っていってもらうんだよね。お客様は美容以外にもたくさんの悩みがある。だから意識を自分自身に戻してもらうために"ほめてねぎらう"こと。

　いいかい？　じゃあ4つの約束は以上です。絶対に忘れないように！

chapter 4　楽しい店販

Part.2
("楽しい店販"の アプローチは遊園地)

光オーナー じゃあ、次。"楽しい店販"のアプローチを公開します！

ハルくん 楽しみです。オーナーのネタ、しっかり頂きます。

ヒナちゃん 私にもできますか？

光オーナー 大丈夫。誰にだってできるよ。シャンプーと同じ。何回も練習。あとはお客様への愛情があれば必ず上手になるから。

ヒナちゃん わかりました。がんばります！

光オーナー まず"楽しい店販"のアプローチは4ステップになる。遊園地をイメージして欲しい。まず1番目が"入口"だね。次に園内のパンフレットなんかがある"総合案内"これが2番目。そして3番目は"楽しく遊ぶ"。アトラクションに乗ったり、おみやげ屋さんに寄ったり。そして最後4番目が"出口"から帰る。こんな感じだ。

ではこれから各ステップで行うことと目的について詳しく説明します。

【ステップ1〜入口〜】
キッカケをつくり、下の2を見つける

入口は必ず誰でも通らないといけないね。お客様全員。例外なく。だから、目の前にいるお客様全員にステップ1を行う。

何をするかと言うと、キッカケをつくるんだ。例えばハルくんはサッカーファンだよね。同じ趣味のお客様だったらサッカーの話題で盛り上がれるね。でもそのまま話が続いていったら、いつまでたってもホームケアの話にはならない。強引に持っていったら変な空気になるし。「なにか売りつけたいんだな」なんて思われたら嫌だしね。だから、サッカーからホームケアへとスムーズに話題チェンジできるキッカケが必要になるわけ。

じゃあキッカケって何だ？ ということになるけど決まりはない。キッカケをつくれれば何でもいい。ただ1番使いやすいのは【質問】だ。お客様に直接聞く。返ってきた言葉に注目する。このとき、本日の②・6・2を確認する第1段階になるんだ。ここで下の2にいるお客様が大体、わかる。だから下の2の方には本日のアプローチ終了。商品のオススメはしない。でも次回は②・6・2の位置が変わっているかもしれないから、必ず確認するという約束だったね。

例えばね。お客様にこんな質問をする。「お客様の髪はもっと大事にしてあげると、すごくキレイになれますよ。あっ！ こういう話、興味あります？」と聞く。

聞き方にはコツがある。肩の力を抜いてリラックス。さりげなく聞く。そして興味あってもなくても、どちらでもいいですから、という気持ちで聞くこと。そ

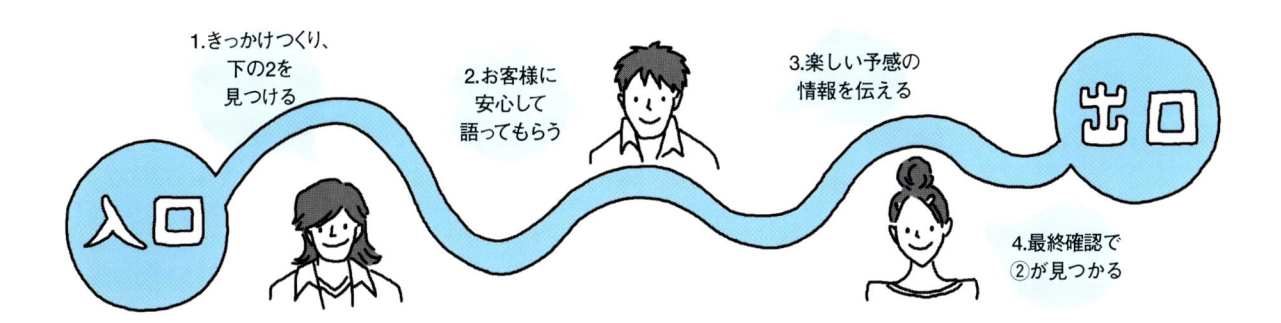

図：入口 → 1.きっかけつくり、下の2を見つける → 2.お客様に安心して語ってもらう → 3.楽しい予感の情報を伝える → 4.最終確認で②が見つかる → 出口

して返事が「別に」とか「興味ない」という言葉だったら下の2の方。「はい。わかりました。」と言って終了。違う話にチェンジすればいい。

逆に「興味ある」とか「もちろん」「何それ？」というハッキリした答えや、「そうね…」という微妙な答えの場合は、6か上の②の方だ。次のステップ2に進む…という流れ。

話すと長いけど、実際にやってみると1分もかからない。あとはキッカケづくりの質問を最低3つくらい持っていれば、いつでもキッカケづくりができる。これほどの安心はないよ。いくつかキッカケづくりの質問をリストアップしておくから参考にしてみて。

≪質問リスト／例≫

●初級編～悩みの質問～
「今、髪のコンディションで何か気になることはありますか？ どんなことでもいいのですが…」

●中級編～ほめる＋質問～
「髪、キレイですよね～。もうヘアスタイルには悩みなんて何もないんじゃないですか？ それとも何か気になることあります？」

●上級編～言い当てる＋質問～
「ひょっとして毎朝、寝グセ直し、苦労されてませんか？ いい方法があるんですよ。ちょっとお話してもいいですか？」

【ステップ2～総合案内～】
お客様に安心して語ってもらう

入口を通って、そのままマイウェイで遊びに行ってしまうのは、下の2の人。総合案内に立ち寄り情報収集したり、ガイドのお姉さんにいろいろ聞いてみたりするのが、6か上の②の人たちだね。

つまり、人それぞれにいろいろな期待を持っているんだよ。この遊園地はどんな風に自分を楽しませてくれるだろうかってね。それをちゃんと受けとめてあげられるかどうかがスゴク大事。相手の話も聞かないうちに「好きなところに行けばいいんじゃないですか！」なんて言われたら、こんな対応の悪い遊園地、2度と来るかと思うでしょ。

そうではなく「どんな1日にしたいですか？」と聞いてくれたら、相談しやすいし、この人のアドバイスならちゃんと聞いておこうと思うよね。自然と仲間意識も生まれる。それがステップ2の目的なんだ。

あとは、3番目の約束～お客様の時間であることを徹底する～を思い出してくれればOKだ。キッカケの質問をして、6や上の②の方に掘り下げ質問と例外質問を繰り返す。聞くことに徹するわけ。求められるまでは提案やアドバイスはしない。僕は本来、"しゃべりたがり"だから、このステップをモノにするまでは結構苦労したよ。でも慣れたら自然にできるようになった。プライベートでもどんどん使うといい。

それでは掘り下げ質問と例外質問をリストアップしておくから覚えてね。

楽しい店販

●掘り下げ質問例
- 具体的に言うと?
- 例えば?
- と言うと?
- どんなことでも結構です
- それで? それから?
- どうしてですか? なんで?
- いつから? どこが?
- 理想はどんな感じですか?
- どんな気分でしたか?
- どうなったんですか?
- 本当はどうしたかったんですか?
- ほめる(すごい! すばらしい! 素敵!)
- ねぎらう(大変でしたね。つらかったですね。がんばりましたね)
- あいづち
- オウム返し

●例外質問
- 他にありますか?
- これで全部ですか?
- あとは大丈夫ですか?

【ステップ3〜楽しく遊ぶ〜】
"楽しい予感"の情報を伝える

さぁ、ここからは我々が話をする時間だ。ステップ2で仲間意識ができれば、お客様は耳を傾けてくれる。しかも上の②の人は提案を待ってるし、⑥の方も次のステップで断るけど、興味はあるから聞いてくれる。あとはいかにして我々の話でお客様を楽しませてあげられるかどうかだ。でも別に大爆笑させたりしなくていいんだよ。お客様に"楽しい予感"を抱かせてあげることがこのステップの目的だ。だから「絶対、この商品を使ってください!」と説得はしないほうがいい。場合によっては⑥の人に嫌がられて失客する可能性もある。そんなリスクを犯さなくてもお客様の心の中に"楽しい予感"が起きれば購入する。それでは"楽しい予感"の起こし方なんだけど。これがまたいろいろあるんだ。

一言でいえば情報を伝えること。まぁ、"予感"の種みたいなものだね。種をまかないと芽も出ないし花も咲かない。当たり前だ。例えば、「使用者の体験談」も情報になる。

ヒナちゃんが最もオススメしやすい商品は、自分が使っていて、気に入っている商品でしょ。「これ、私も使ってるんですが、もうコレないと生きていけないくらいスゴクよいです!」なんて言われたら説得力あるよね。「そんなに自信あるならいいかも!」って"楽しい予感"が起きるでしょ。

どんな情報を伝えれば効果的なのか。リストアップしたからメモしておいてね。

情報リスト

▍1. お客様をほめる、ねぎらう
→人間が最も興味あるのは自分自身のこと。目の前にいるお客様のいいところ、引き出してあげたいところ、自信をもって欲しいところ【髪、地肌、骨格、顔、肌、目、おでこ、耳、雰囲気、声、人間性、行動、態度、考え方、容姿、話の内容、話し方、手、指、歯、口、夢、仕事の成功、子育て、一所懸命、落ち着いている、大人、若々しい…もう何でもいい!】を素直にスグにサラリと伝えること。

▍2. 商品の存在
→うちのお店にはこういう商品があります。とにかく知らせなければ何もはじまらない。

▍3. 使い方
→使い方の分からないものは購入しない。使い方をたくさん知っているほどほしくなる。

▍4. 選ぶ基準
→商品がありすぎる。自分にとってなにを基準に選

べばいいのかわからなければ面倒になる。決められなければ購入はしない。

5. うらやましい体験談
→体験談はこの世の中で最も説得力がある。テレビ、映画、書籍、インタビュー、テレビ通販、広告などのノンフィクションは、人気が高い。私もこうなりたい。なれるかも、なれるはず。期待が持てなければ購入はしない。

6. 今まで知らなかったこと
→「へぇ〜、それ知らなかった」と「やっぱりそうだったんだ」というネタは喜ばれる。

7. 評判
→人間は失敗したくない。だからまちがいないモノを選びたい。「人気ナンバー1」「売れてます！」「みなさん、満足してます」「みんな、使ってます」などは、ぜひ知りたい情報なんだ。

8. 希望ある未来予言
→専門家の未来予言本は売れる。「今年のトレンド予測」「はずさない秋ファッションの3大ポイント」「ノストラダムスの大予言」…など。人間は未来に興味がある。明るい未来をイメージするとニヤニヤする。希望は未来になる。
「あなたはもっとキレイになれる。なぜかというと…」
「あなたはもっとカッコよくなれる。なぜかというと…」
「あなたはもっと仕事がうまくいく。なぜかというと…」
「あなたの髪はもっと輝ける。なぜかというと…」
あ〜ぁ続きが聞きたい。希望がふくらむ大変興味深い情報なのだ。

9. 具体的な目標
→今回はこうしよう。次回までは、こうなっているといい。そして次回はこうしよう。あ〜楽しみだ。それから次はこうして、あれして…。プロが考えてくれた具体的な目標や計画。もう耳がデッカクなるほどの情報だ。

10. お客様視点のサービスの案内
→お得になるキャンペーンや、特典、イベントなども知りたい情報になる。

【ステップ4〜出口〜】
最終確認で②が見つかる。⑥は断る

では最後のステップ。お客様に「出口はこちらです」と案内すればいいだけ。どこが出口かわからないと迷子になっちゃうからね。僕は昔、商品説明はしたけど出口を案内することができなくて自己嫌悪になった。でもね、あるとき気づいたんだ。これはプロの仕事ではないぞってね。なぜなら、僕は断られるのが嫌だった。怖かったんだ。しかし、僕が最後に「いかがですか？」とか「一度、使ってみませんか？」と言わなければ上の②のお客様の期待を裏切るだけでなく、不満足にもしてしまう。僕のせいで誰もキレイにならない。美容のプロとして失格だと思った。すごく悩んだ。だから勇気を出してお客様に聞いてみたんだ。「どうされますか？」って。

そうしたらビックリしたよ。かなりのお客様が購入したんだ。もちろん、たくさん断られたよ。で、1か月後、過去最高の店販売り上げを達成してた。だから信じてほしい。上の②のお客様は君たちの最終確認

chapter 4 楽しい店販

を待っている。ここを避けると誰も幸せにならない。自分もね。

わかってくれる？　じゃあ、やり方とコツを説明する。

お客様に商品を見せたり説明したら必ず最終確認をする。ここで上の②と⑥の方がハッキリわかる。最後に軽〜く、こう聞く。「私はお客様に必ず喜んで頂ける自信があるからこの商品をご紹介しました。でも毎日、お使いになるのはお客様ですから、必要ないと思ったら正直にそう言ってくださいね。どうです？　1度、試してみますか？」とね。そして黙る。ここはお客様のTHINKING TIMEだ。答えをじっと待つだけ。大事なのはお客様に決めてもらうこと。でないと最後までちゃんと使わなくなる。2回目の購入までを視野に入れておかないと無責任になっちゃうからね。

そして、ここで断るのは⑥の方。「即決しない」「決断は先のばし」という考え方なわけ。だから、ここをちゃんと認めてあげる。お客様が断ったら、このように言ってあげるんだ。「わかりました。毎日、髪につけるものですからね。こういうことはお客様のように、よく考えてお決めになることが1番大切だと私も思います」と。断ったのに、こう言われたらお客様は感じる。「あ！　この人、私の気持ちわかってくれた」とね。こうなると次回につながるよね。だって上の②になって来店されるかもしれないから。

あ、それとステップ4は普通のテンションで行うこと。ほら、喫茶店とか居酒屋で店員さんが「ご注文はお決まりですか？」って聞くじゃない。あんな感じ。買うかなぁ〜、断られるかなぁ〜、なんてドキドキす

るだけムダ。ここはお客様に決めさせなきゃ絶対にダメ。「買うも買わぬもお客様の自由でござる。私はどちらでもようござんす。どうかお好きな方をお選びくだされ」。このぐらいの気持ちで「いかがなさいますか？」とひと言聞いたら、あとは答えを待つ。それだけ！

じゃあ最終確認の質問をリストアップしておきます。自分の好きな言葉を使ってください。

●最終確認質問
・いかがなさいますか？
・先ほどのいかがですか？
・どうされますか？
・さっきの〇〇、どうしますか？
・1度、使ってみませんか？
・1度、ためしてみますか？
・ご自宅でも使ってみますか？
・チャレンジしてみませんか？
・今日、お持ち帰りになりますか？
・フロントにご用意しておきますか？

あとは実行あるのみ！

では今夜はここまで。明日からさっそく実行するぞ。とにかく"入口"のキッカケと"出口"の最終確認さえちゃんとやれたら、なんとかなるから。やりながらうまくなっていけばいいんだ。とにかくチャレンジをやめないこと。それだけ！

それと難しい店販と楽しい店販の一覧表を渡すから、よく見ておくように。じゃあ、お疲れ様でした！

楽しい店販 VS 難しい店販

〈今日、担当するお客様 10名〉

楽しい店販	難しい店販
● 確実に2割を目指す	● 売れるか売れないかは運次第
お客様の8割に商品の情報を知らせることができる	9割の方が何も知らない場合もある

楽しい店販側：
- 掘り下げ & 例外質問
- 情報 & 商品を伝える
- → 購入 2名　断る 6名

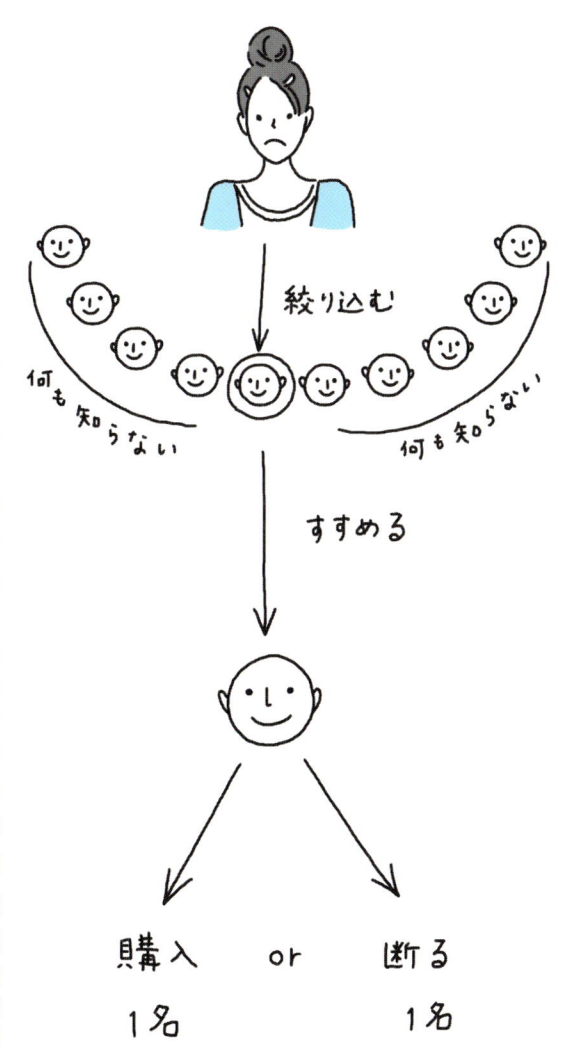

難しい店販側：
- 絞り込む（何も知らない／何も知らない）
- すすめる
- → 購入 1名 or 断る 1名

chapter 4 楽しい店販

Part.3

次の日の終礼にて

光オーナー　いやー。今日は頑張ったな。2人ともすごいじゃないか！　チャレンジしまくりで偉い偉い。どんな感じか聞かせてよ。じゃあヒナちゃんから。

ヒナちゃん　はい。私はスタイルはつくれません。だからスタイリング剤はおすすめしにくいので、ヘアケア系を一生懸命やろうと思いました。

　自分の中で、"私はヘアケアリスト"なのよって。お客様の髪をキレイにする使命があるのよって気持ちを切り替えました。

光オーナー　いいぞ！　いいぞ！

ヒナちゃん　あ、ありがとうございます。

ケース1：シャンプー前に

　まず、ステップ1。シャンプー前にプチ・カウンセリングをしました。キッカケはこんな感じです。

●キッカケ質問

「今日は○○様に、1番ピッタリなシャンプーを使わせて頂きたいと思うのですが、今、髪のコンディションで何か気になることはありますか？」

　このように聞いて、お客様が「別にない」という答えのときはアプローチ終了。私のほうでシャンプーを決めました。

「髪がからまるのが気になる」とお答えになったお客様にはステップ2に進みました。

●掘り下げ質問＆例外質問

「髪のからまりですね」(オウム返し)
「例えば？」
「ええ、はい」(あいづち)
「わかります。悲しくなりますよね」(ねぎらい)
「他にはありますか？」(例外)
「乾燥ですね」(オウム返し)
「1番気になったのは具体的にどんなときです？」
「それは気になりますよね。どんな気分でした？」
「あとは大丈夫ですか？」(例外)

　こんな感じで聞いていって、どんどんお客様が話したくなるようにサポートしました。なんとなくですけどタイミングがつかめてきたように気がします。でも、よく聞けたことでお客様と悩みを共有できたのが嬉しかったです。そしてステップ3です。

●"楽しい予感"情報を伝える

「それでは今日はこちらのシャンプーを使わせて頂きます」→**2. 商品の存在**

「指どおりがなめらかになりますよ！」→**8. 希望ある未来予言**

　シャンプー開始。施術しながら情報も伝えました。

「このシャンプーのご自宅用は本当に人気があります」→**7. 評判**

「髪ってウソつけない正直者なんです。ピッタリのもの

"楽しい予感"を起こさせる情報リスト

●情報リスト
1. お客様をほめる、ねぎらう
2. 商品の存在
3. 使い方
4. 選ぶ基準
5. うらやましい体験談
6. 今まで知らなかったこと
7. 評判
8. 希望ある未来予言
9. 具体的な目標
10. お客様視点のサービスの案内

※詳細は112〜113ページで確認して下さい

を使ってあげれば喜ぶし、大事にしてあげればあげるだけ、それに答えてくれるんです。カワイイですよね〜」→ 6. 今まで知らなかったこと

シャンプー後、手触りなどを体感して頂きながら、さらに情報提供しました。
「お客様の髪は、本来とてもキレイだったはずです」
→ 1. お客様をほめる
「だから、もっと大事にしてあげれば、ス〜ッゴクキレイになれますよ」→ 8. 希望ある未来予言

そしてステップ4です。お客様が上の②なのか⑥なのか早く知りたくて、あせる気持ちをおさえるのが大変でした。

●最終確認をする
「ご自宅でも使ってみますか?」

この後、黙りました。実際は5秒もなかったんですけど。お客様が答えるまでの時間。すご〜く長く感じました。

そしたら「じゃあ、それ頂くわ」って言うんです。もうびっくり! 実は少しだけ手が震えました。だって人生初だったんですよ。店販売れたの! この感動は忘れません。

ハルくん　すごいな〜ヒナちゃん。
光オーナー　よかったよかった。なんか目頭が熱くなってきた…。あっ! 反省点はある?
ヒナちゃん　実は2人のお客様には最終確認ができませんでした…。やっぱり断られるのが怖くなっちゃって。その場の雰囲気に負けちゃいました。
光オーナー　そうか。それは、断られるロールプレイングでトレーニングすれば克服できるから、後でやろう。でも初日にしては上出来だよ。じゃあハルくんは?
ハルくん　自分も売れちゃいました!

ケース2：スタイリング前に

まずキッカケはこれにしました。
●キッカケ質問
「○○さんは、スタイリングがもっと上手にできたらいいのになぁ〜って思ったことありますか?」

ほとんどの方が「思ったことある」と答えました。なのでスグにステップ2に入りました。

●掘り下げ質問&例外質問
「例えば?」
「他には?」
「例えば?」
「他には?」

実はここ、あんまり覚えられなくて「例えば?」と「他には?」しか使えませんでした。だからヒナちゃんス

ゴイなと思って。徹夜したの？　それとも才能？
　でも、この2つだけでも結構、話してくれるのでビックリでした。お客様が抱えているスタイリングについての不満がかなり具体的に分かりました。

● "楽しい予感"情報を伝える
「じゃあ今日はプチ・スタイリング講座をやりますよ。具体的には仕事バージョンで朝時間がとれないときと、とれるときの2パターン。それとイベント用で1パターン」→ 6. 今まで知らなかったこと
「使うアイテムはこの3つ。スプレーワックス、ワックス、アウトバストリートメント」→ 2. 商品の存在
「使い方はこうして、あーして、自分でもやってみてください。ちょっとの変化で大きく印象が変わるでしょ」→ 3. 使い方
「すごく上手ですね。プロ顔負けです」
→ 1. お客様をほめる
「ヘアスタイルに自信がでれば仕事も恋もうまくいきますよ」→ 8. 希望ある未来予言
「『大きな契約が決まった！』とか『めでたくゴールイン！』とか、最近、お客様からよく聞きます」
→ 5. うらやましい体験談
「この3つは、いろいろ楽しませてくれるから持っていると本当に重宝します。今まで面倒なスタイリングは絶対に嫌だ！　というか無理って言った私の姉が絶対に手放せないと思うほどですから」→ 7. 評判

　このステップは、今まで話していたこともあるので楽でしたね。でも今後は情報リストながめがら、もっとネタ増やしていきたいですね。

● 最終確認をする
「今日、3つお持ち帰りになりますか？　それとも、1つからチャレンジしてみますか？」
　今までの僕は、最終確認してなかったんです。いやできなかったと言い換えたほうがいいかもしれない。断られた直後の重い雰囲気って嫌じゃないですか。なんとなくお客様ともギクシャクするし。だから昨日の勉強会では、本当にいいこと聞いたと感謝です。おかげ様で今日はスタイリング剤が4本も売れたんです。先月は1か月で4本だったんですよ。ビックリとしか言いようがありません。

光オーナー　僕も今日、ビックリしたことあったよ！

ケース3：カット中に

　夕方頃。金髪短髪メンズが長さ1ミリにカットしてほしいって来店したよね。今までは聞かなかったんだけど、昨日の今日だから一応、キッカケつくりしたんだ。

● キッカケ質問
「今、髪のコンディションで何か気になることはありますか？」

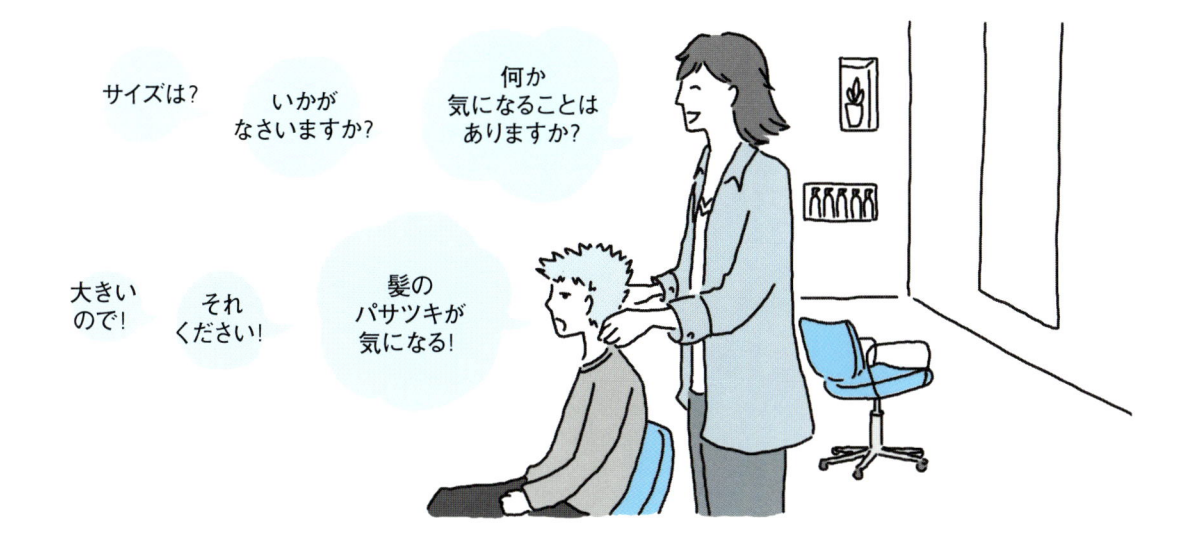

そしたら「髪のパサツキが気になる」って言うんだ。一瞬、からかってるのかと思った。でも気にせずステップ2に進んだ。

●掘り下げ質問＆例外質問
「髪のパサツキが気になるんですね」(オウム返し)
「具体的に教えて頂けませんか？」
「他にはありますか？」(例外)
　なんとか聞いてみようとしたが、「とにかくパサツク」と「パサツキが嫌い」の繰り返しだった。

●"楽しい予感"情報を伝える。
　だからストレートに商品を紹介して説明した。
「お客様の髪質でしたら、このシャンプーとトリートメントがベストです」→2. 商品の存在
「大きいサイズの方が結果的にはかなりお徳です」→
4. 選ぶ基準

●最終確認をする
「いかがなさいますか？」
「それください」
「サイズはどうしますか？」
「大きいのでお願いします」
と、あっさりと売れてしまったんだ。でも不思議なことではない。このお客様は美容モチベーションが最高レベルだったんだ。それを僕が勝手に決めつけていただけだ。「超短髪なら店販は関係ないだろう」ってね。だから今日はとてもいい勉強になったよ。絶対に我々は先入観をもってお客様と接してはいけないんだ。

ハルくん　答えはお客様だけが知っているということですね。

ヒナちゃん　私、今日だけですごく成長できた気がするんです。

光オーナー　そうだよ。その意気だ。"楽しい店販"は楽しいなぁ。ガハハハ！！

ヒナちゃん　オーナー。2回目の購入にむけてのアフターフォローってどうすればいいんですか？

光オーナー　おぉ積極的だね〜。まずはハガキか手紙を出そう。書く内容は"心配"だ。使っていて何か気になることはないか？　ちゃんと使えているのか？　もう一度、使い方を書いておく。絵が得意なら字だけでなくマンガやイラストでも使い方を説明しておけば絶対に捨てられないハガキになる。んじゃ、今日購入して頂いたお客様にハガキ書いちゃおう！　よーし燃えてきたぞ。みんな、頑張ろう！

全員　エイ・エイ・オー！！

楽しい店販

chapter 4　119

Part.4
（アフターフォローには、たくさんの宝が埋まっている）

光オーナー　どう、ハガキできた？　見せてくれない？
ヒナちゃん　こんな感じになりました。どうでしょう？
光オーナー　あっ、ごめん！　何を書いておくべきか詳しく伝えてなかったね。でも大切なことなんだ。もう一度書き直せるかい？
ヒナちゃん　もちろんです。お願いします！

「2回目の購入」に接近せよ！

　サロン店販にとって最も大事なこと。それは「2回目の購入」なんだ。本当のところ初回の購入って、お客様は"チャレンジ買い"でしょ。だってまだ自分1人で使ってないんだから。期待は高いけど、確信はない。で、使っていくうちに期待が確信に変わっていく。これが継続するモチベーションになるんだね。

　でも継続ほど難しいことはないよね。もし、お客様が使うことをやめたら困ったことになる。まずボトルの中身が減らない。だから2回目の購入はない。

　次に購入時に期待していた結果が出ない。髪はキレイにならないし、スタイリングは決まらない。当たり前だよね。使ってないんだから。けれどなぜかオススメした我々が悪者扱いになっている。「ふん、ウソつき」そんな感じだ。なんかとても悪いことをしてしまった気分。「店販なんかしなきゃよかった」ってなるのも無理ない。

　だから「2回目の購入」は真剣勝負！　絶対に手を抜けない。お客様のためにも、我々のためにもね。
　じゃあ、どうすればいいのか、しっかりメモしてね。

【接近　その1】
「お客様の決断は正しかったんです！」と励ます

　人間って不思議でね。購入した後、不安になるときがある。「本当にこれでよかったのだろうか？」ってね。これは雑草みたいなもんだ。早めに抜いておかなければいけない。だから「○○さんが☆☆（商品名）をお使いになるのは大正解だと思います。きっと鏡を見ることが楽しみになってきますよ！」と書いてあると励みになるし、「やっぱり間違いないんだ」って安心できるよね。

【接近　その2】
適正なる「使い終わり期限」を伝えて目標設定をする

　人間は予定が決まっていると安心できる。マラソンだって42.195キロとわかっているから走れるんだよ。ただ走れ、とにかく走れじゃ、絶対挫折する。目標がないと頑張れないんだ。

　だからこんな風に伝える。「使い続けることが、何

楽しい店販

よりもキレイな髪への近道です。目安として〇月〇日くらいまでに使い切って頂くペースがベストです」と。

スタイリング剤だったら、「☆☆（商品名）は使いこめばこむほど、スタイリングが上達します。まずはとにかく2か月。自信を持って使ってみてください」と。目標があるから楽しみが増す。なにしろ"楽しい店販"なんだから。

【接近 その3】
使用上の注意を伝える

人間はルールがないと不安になる。市販薬には使用上の注意が書いてあるよね。それを守っていれば、とりあえずは安心だ。「2回目の購入」に関して言えば、中身がなくなったときに他の製品に手を出してほしくない。

例えばシャンプーがなくなる。でもサロンに行くのはまだまだ先。こんなときが危ないね。だからこれも伝えておく。「次のご来店はいつ頃を予定されていますでしょうか？　それより前に☆☆がなくなってしまうことがあるかもしれません。その場合、商品を購入するためにご来店頂くことは可能でしょうか？　できれば、同じもの使って頂きたいのです。というのは、せっかくいい状態になっている髪によけいなダメージを与えたくないからです。そのとき、髪の状態を見させて頂けると嬉しいです」とね。

つまりサロンに商品だけ買いに来てもらってもいいんだ。このことをお客様に知って頂くだけでも大きな収穫だ。とにかく我々の仕事は、お店にお客様が来て頂かなければなにもはじまらないからね。

以上のことが書いてあれば「2回目の購入」にグッと接近できるはずさ。やれることはなんでもやっておかないと後悔するからね。じゃあ、ハガキの書き直し。チャレンジしてみて！

ハルくん　お客様が来店されたときのポイントは何かありますか？
光オーナー　あるよ。じゃあ続いて説明します。

「2回目の購入」へ来店時にフォローせよ！

ここで我々がするべきこと。それはお客様の「美容モチベーション」をさらにアップさせることなんだ。どんなにラブラブなカップルもマンネリ化してくるでしょ。このときが最も浮気願望が出やすいんだよね。だから商品のよさを再確認してもらうことに全力を注ぐ。

アクションはシンプルだ。たぶん、このときに"楽しい店販"の醍醐味を味わえると思うよ。僕は「美容師っていい仕事だなぁ〜」と何度も実感したよ。

【アクション 1】
髪チェックをする。
プロの目から見て、よくなったことをコメントする

人間は自分のことを、ちゃんと見ていてくれて、適正な評価をくれる存在をほしがる。これは悪いことじゃない。僕はむしろ健康的なことだと思うし、成長

するためには必要だ。だからこそ、自分がオススメして商品を使いはじめたお客様が来店されたら、何があっても必ず髪チェックにうかがうべきなんだ。

そして、よくなったことを伝え、一緒に喜ぶ。だってこれほど嬉しいことはないんだから。

【アクション2】
お客様の体験談を教えてもらう

まずは、こう聞く。

「使っていて何か気になることはありませんでしたか？」

僕はこれを"心配の質問"と呼んでいる。もし気になることがあったら話してくれるよ。

そうしたら「もうちょっと具体的にいいですか？」とか「他にはありましたか？」などの質問を使ってよく聞く。そしてアドバイス。これで解決だ。

逆にこういうケースもあるはずだ。

「気になること？　別にないです。アレいいですよ！」

そうしたら「例えばどのへんが良かったですか？」と聞くんだよ。もちろん「他には？」ともね。そのあと「何か嬉しいことはありました？　どんな小さなことでも結構なんですが…」と質問するのが僕は大好きだ。お客様の笑顔と体験談はうちのお店にとって財産だからね。ここのアクションは念入りにやる。だって、すっごく楽しいから。

【アクション3】
詳しい商品説明をする

お客様が最も聞きたいことは何だと思う？　それはね、使っている商品がどれほど優れているのか、という情報なんだ。マンネリしてくる頃でしょ。刺激が必要なんだよね。

アクションは簡単！　例えば商品パンフレットをお客様と一緒に読むことだって効果あり。専門用語や成分名が書いてあるでしょ。あと髪の構造とか。「2回目の購入」のときは、こういうことが知りたくなるんだ。だから詳しく説明してあげる。あとは他の使用者のうらやましい体験談も欠かせない。ネタはアクション2でたくさん集まるよね。

とにかくほれ直してもらうんだ。使っている商品のことを。また自信を持って使い続けてもらえるようにね。もう気持ちは「3回目の購入」にむかっているのさ。

そして半年後…。

美容室B＆Kの光オーナーが「店販」の勉強会をはじめてから半年がすぎた。今夜はオーナーの奢りで焼肉だ。香ばしい匂いが食欲を刺激する。旨そうにビールジョッキを飲み干し、皆が笑顔になる。

光オーナー　いやー、今夜はジャンジャン食べて飲んで楽しもうな！　2人はこの半年で本当に成長した。嬉しいよ。最高だよ！

ハルくん　ありがとうございます。この半年でうちのお店、お客様の数が増えましたもんね。実は僕、オーナーが「店販やるぞ！」って言ったとき不安だったんです。お客様が減ってしまうような気がして。でも増えた。僕を指名してくれる方が100人超えるなんて、今でも信じられないですよ。

ヒナちゃん　私も信じられません。ほら、このあいだ常連の西さんがお友達を紹介してくれたじゃないですか。その方が「あなたに相談すれば間違いないっ

て、西さんがよく言ってたのよ」って教えてくれたんです。もう嬉しくて嬉しくて。スタッフルームで感動泣きしてたらオーナーに見つかっちゃって。
光オーナー　すごいよ。だって自分のお母さんより年上の方に頼りにされてるんだから。美容師冥利につきるよな。これも"楽しい店販"だからこそだよ。2人に話しておきたいことがあるんだけどいいかな？
ハルくん・ヒナちゃん　はい。何ですか？

さぁ！思いっきり美容を楽しもう！

　そもそも僕は店販っていう言葉は嫌いなんだ。ただ業界の中で飛びかう便利な用語として使っているだけ。お客様にとっては、自宅でのヘアケアとヘアスタイルの再現。この2つがスッゴク楽しくなるための道具。それがサロン商品なんだよね。
　だからすべてが"楽しく"なければいけないんだ。面倒くさいとか、時間がないとかを、軽く乗り越えちゃうくらい"楽しいぞ！"ってお客様に伝えていきたいんだよね。「さぁ！思いっきり美容を楽しましょう！」ってね。
　単価アップのために店販をしてほしくない。再来のツールとして店販に取り組んでほしいんだ。
　僕は、商品たちはお客様の家におうかがいしている大事なスタッフたちと思っている。我々がヘアスタイルをつくる。商品たちがヘアスタイルを管理してくれている。そんなイメージなんだ。まだまだ理想には到達していないけど、あきらめず続けていけば必ずたどり着く。これが僕の願いであり希望なんだ。ぜひ、これからも一緒に歩んでいきたい。よろしくお願いします。

光オーナー　僕からは以上です。
ハルくん・ヒナちゃん　もちろんです！よろしくお願いします。
光オーナー　よーし今夜は盛りあがろう！　すいません、特上カルビ6人前とビールくださーい！

chapter 4　楽しい店販

COLUMN 4

人生のスパイスはアレ！

　電話コーチングというサポートメニューがあります。完全予約制の毎回30分。美容師さんから私のオフィスに電話が入ります。ご相談内容は多種多様。その中でも非常に多いのが「モチベーションの上げ方を教えて欲しいのですが？」というご質問。解決方法は人それぞれなのでシンプルに「コレ！」とは申し上げられませんが、ある日の回答をちょっと再現してみます。こんな感じになりました。

石山　と、いうことは現在、モチベーション下がりまくっている？」

相談者　いや、そういうわけではないんですが…。

石山　何か気になって仕方ないことでもあるんですか？

相談者　あ〜、この先、不安というか、見えないというか…。

石山　先が見えなくて不安になる。ということですか？

相談者　はい。まぁ、実は結婚したばかりで、この先、ちゃんと生活できるのかな？ とか、もちろん仕事のことも不安になったり…。石山さんはどうやってモチベーション上げているんですか？

石山　簡単に言うと"考え方"ひとつだと思うんです。「じゃあ、どこまで見渡せたらいいんだ？」という話です。例えば、あなたはものスゴ〜く長い平坦な一本道を車で走っているとします。先に何があるか全部クリアにわかる。信号もないから運転も楽チン。周りの景色、どこまでも続く青空を見たりする余裕もある。カーラジオからは昔、大好きだった曲が流れてくる。思わず口ずさみながら、頬にあたる風のなんと心地よいこと。いいでしょう？

相談者　気持ちよさそうですね！

石山　でもね。不思議なことに、だんだん飽きてくるんですよ。だって先に何があるかわかっちゃっているから、つまんないんです。アクビがとまらなくなったり（笑）。それよりは、見通しは悪いけど、曲がり角があって、この先に何があるんだろう？　というワクワク感。行ってみないとわからない、でも行けば、ちゃんとわかる。そのとき、新しい自分に出会うことができる！　確かに不安は嫌だけど、「不安は人生のスパイスだ！」って気持ちでチェンジするようにしてます。だって〜、退屈が一番嫌だもんね〜！

第5章
目指せ！ 明るく、楽しい、人気サロン！

モチベーションを上げるアイデア12

平日の昼だというのにお客様が続々ご来店。スタッフも元気がよい。
人気サロンは、スタッフのモチベーションが高く、
店内は自然と盛り上がっているものです。
そのために大切なこと。
それは"当たり前"のことを「頭レベル」だけでなく「身体レベル」で理解すること。
スタッフのモチベーションを上げながら、
繰り返しの反復行動を楽しく続けることができるがアイデアを紹介します。
さあ、あなたのお店を熱くホットに沸騰させましょう！

■アイデア	1	「アナウンサー部」でございます！
■アイデア	2	「いい言葉」コレクション
■アイデア	3	お掃除研究会
■アイデア	4	「人気講師」養成講座
■アイデア	5	デトックス・インタビュー
■アイデア	6	ヒーロー・インタビュー
■アイデア	7	「コスプレ」の日
■アイデア	8	「あいさつMVP」は君だ！
■アイデア	9	「安心」と「ちょっとサプライズ」
■アイデア	10	「今月のほめマスター」を決めろ！
■アイデア	11	感謝ねぎらいの「シャワータイム」
■アイデア	12	「情熱大陸」みたいな私たち

第5章イラスト　石川ともこ

Motivate your Staff!

目指せ！ 明るく、楽しい、人気サロン

モチベーション・アップ　アイデア１　いい声

「アナウンサー部」でございます！

イヒヒヒ。言えるかな？

　それでは第1回目。なにはともあれ、以下の早口言葉にチャレンジしてみてください！
「お綾や、親にお謝り」（おあやや、おやにおあやまり）
これを早口で3回。どうです？　軽くクリアできましたか？
　では次。
「ぽん豆。ぽん米。ぽんゴボウ」
これも早口で3回。これは高難度。口をつかんで捨てたくなるほどイライラします。
　さてさて、別に早口言葉のプロになったからといって指名数が劇的に増えることはありません。ただ、滑舌の悪い人の話は聞いていて苦痛なときがあります。すごくタメになることを教えてくれる。でも、集中できない。おまけにキンキン声や、聞いていて息苦しくなってくる声も敬遠されがち。願わくば、あなたには素敵な声であって欲しい。
　で、今回は「声」にクローズアップ！

「頭レベル」から「身体レベル」へ！

　「メラビアンの法則」という有名な説。「7－38－55ルール」とも呼ばれています。

これは人と人とが顔をあわせるコミュニケーションにおいて相手に伝わるメッセージは、話の内容や言葉が7％。声の印象が38％。ボディランゲージが55％というもの。つまり、どれだけお客様のためになる話をしたとしても7％だけ。話の中身なんかよりも、話し方と声のほうが重要だということなんです。
　で、話し方についての改善方法は具体的に浮かびやすい。例えば、相手の目を見て話すとか、自信を持って話すとか、早口でまくしたてないとか。でも声は、もって生まれたもの。気に入らないからチェンジというわけにはいきません。しかし、声の魅力を引き出すことはトレーニング次第で可能なのです。

■導入プログラム
「アナウンサー部」でございます！

　このプログラムは、サロンに、このようなメリットを引き寄せます。
☆声の重要性を意識している美容師さんは全国に何人いらっしゃるでしょうか？　意識するだけで雲泥の差がでます。
☆声を張る。それだけで体内に酸素がたくさん入ります。元気のない人は酸素不足。基本はお腹からの呼吸です。
☆聞き取りにくいボソボソ声は相手をイライラさせます。ハッキリ、よく通る声で接客すれば信頼感が増します。
☆声だけが頼りの電話。お客様を失客するか、増客するかの最初の関門です。好印象な声＆マナー＆応対で仕事の可能性をひろげましょう！

やってみよう！

■プログラム概要
　魅力のある声のレシピ。それは①滑舌、②発音、③息の3つになります。
説明しますと、
①噛まずにハキハキ。
②ハッキリ聞きやすく。
③冷たい声ではなく温かい声。
この3つがピッタンコ1つになった声は心地よいですよ〜。ときには山をも動かす説得力。ときには氷を溶かすヒーリングボイス。朝も早よからコツコツみんなで練習あるのみです。最初は、口を大きくオーバー気味に動かすようにすると良いと思います。

■参加対象／全員。
■実行期間／自由。
■実行サンプル

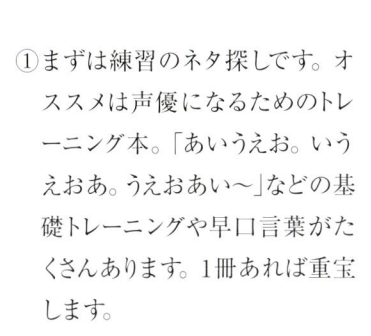

アイデア　1　いい声

赤パジャマ　青パジャマ　黄パジャマ

① まずは練習のネタ探しです。オススメは声優になるためのトレーニング本。「あいうえお。いうえおあ。うえおあい〜」などの基礎トレーニングや早口言葉がたくさんあります。1冊あれば重宝します。
② トレーニング内容を決め、コピーし、全員に配布します。
③ 朝は口が固まっています。朝礼にて全員参加。大きな声でハッキリと行うと、口と身体が温まります。
④ 早口言葉はトーナメントなどにすると楽しく盛り上がります。
⑤ 最後に朝礼の司会者は「今日もよい声をお客様に届けましょう！」などの言葉で締めましょう。

■実行時の注意点
トレーニングを積むと、以前よりも口が滑らかに動くようになります。だからこそ、お客様との会話がマシンガントークにならないように注意しましょう。

とても、いい気分！

　私はセミナーや講習会など人前で話す機会が多くあります。いつも、ハッキリ聞きやすく話すように意識していますが…。後から録音したICレコーダーを聞いてみると、反省しっぱなし。やはり緊張している。これからも怠りなく練習するしかありません。

　私がよくしている練習方法は、絵本の朗読。言葉を頭の中でイメージしながら声を出すようにしています。例えば「赤頭巾ちゃんが歩いていくと…」なら頭の中で赤色、女の子、とぼとぼ歩いている…。こんなイメージを描くのです。相手にこのイメージまで伝わればいいな〜と。あとはテレビのナレーションをビデオにとってマネしています。とくに競馬実況はすごい。やはり上手いですねプロは。

　最後に提案です。「早口言葉。今朝の朝礼はコレ！」と書かれた小さいPOPをセット面にさりげなく置き、お客様との会話のキッカケに使っている方がいらっしゃいます。たくましき一石二鳥精神。頭が下がります。

今回の言葉

美声でなくてよい。あなたの声はあなたの大事な個性。聞きやすくて温かい声だから、また会いたくなるのだ。

chapter 5　モチベーション・アップ

Motivate your Staff!

目指せ！ 明るく、楽しい、人気サロン

モチベーション・アップ　アイデア2　いい言葉

「いい言葉」コレクション

「いい言葉」ありがとう

　自宅トイレに入ると「強い人になるには、たくさんの挫折が必要です。優しい人になるには、何度もの哀しさが必要です」と書かれた色紙が目に飛び込んでくる。うちの奥さんが何年か前に購入。見るたびに「ホンマやな〜」と一瞬だけど自分を振り返ってしまう。

　ちなみに私の座右の銘は「もし、あなたがそうなりたいと望むなら、勇気を出してやってみるべきだ！」です。昔、片思いの女性に告白する1時間前に自作しました。結果はフラれましたが、それからも、この言葉にはかなり助けられています。

　きっと、あなたにも大切な言葉をいくつかお持ちのはず。今回のテーマは「いい言葉」でございます！

「頭レベル」から「身体レベル」へ！

　人生、山あり谷あり。凸凹道や遠回り。泣いた日もあれば、笑顔の日もある。その中で勇気をくれたり、気づきをくれたり、ときには涙したり、人生の転機となったり。そんな言葉たちは財産であり宝物。流行に左右されない普遍の輝きを持つ言葉たち。独り占めしないで、大切なお客様ともシェアしましょうよ。もしかして、とてつもなく感謝されるかもしれない。無口なお客様がびっくりするほど語るかもしれない。何が起こるか予想つきませんが、間違いなく言えることは「悪い気はしない」だろうということ。

　損はなし。しかもお金は本代くらい。図書館に行けば無料だし、お客様に「今、いい言葉コレクションしてるんですけど、何かご存知でしたら教えて頂けないですか？」とお聞きしてみたら取材費無料。それに会話もはずむ。よいことづくめ。楽しいよ〜！

■導入プログラム「いい言葉」コレクション

　このプログラムは、サロンに、このようなメリットを引き寄せます。

☆いい言葉がたくさん集まっていて、行くとポジティブになれるお店。そんなポジショニングも今の時代はアリだと思います。

☆いい言葉をたくさん読んだり、触れたりすることで人間性が磨かれます。

☆いい言葉のボキャブラリーを増やすと会話の内容が変わってきます。

☆いい言葉をみんなで共有していると、全員が同じ言語や価値観で物事をとらえやすくなるのでチームにまとまりが出ます。

☆いい言葉をお客様に披露するため、いかに語るか？　いかに見せるか？　いかに感じさせるか？　などの工夫が必要になるので、創造力とプレゼン能力が磨かれます。

やってみよう！

■プログラム概要

「いい言葉」コレクションは

①いい言葉を集める

②いい言葉をお客様に伝える

この2つのアクションが必要です。

　まず①ですが、いい言葉はアート。でも有名人や本だけでなく、子供や、お店に来る80歳のおばあちゃまの言葉にコレクション価値が高い逸品が埋もれていることもあります（むしろ、足元を掘ることの方が魅力的）。"誰もがアーティストである"って素敵でしょ？

　次に②です。伝える方法は無限にあります。完璧主義になりすぎてスタートが遅くなるより、肩の力を抜いて気軽に紙に書き、張り出し、お客様の反応を見ましょう。量をこなせば質はともないます。

アイデア 2　いい言葉

■参加対象／全員。あるいは、「いい言葉」コレクション・チームをつくる。
■実行期間／自由。チームを月ごとにローテーションしたりするのもよい。
■実行サンプル
①「いい言葉」コレクション会議をする。1人1つ、自分が気に入った言葉を持参する。そして、どうして気に入っているのかについて発表する。
②多数決で決める。またはオーナー、店長が採用するか否かを決定する。
③採用された「いい言葉」コレクションをどのように表現し、どこに、いつまで展示するかを決める。
④制作作業にとりかかる。
⑤「いい言葉」には、スタッフの顔写真（小さめ）と名前、「○○のオススメ。今月のいい言葉！」とか、オススメ理由を入れたりして、会話の話題になるように工夫する。
⑥お客様からも「いい言葉」を募集し、サロンで展示したりして参加型にしていく。
⑦ある程度、溜まってきたらクリアファイルなどに入れ、「いい言葉コレクションVol.1」などタイトルをつけ、待合テーブルや放置中にお客様にご覧頂くこともGOOD。
⑧お客様が欲しがった場合には、いつでもコピーしてプレゼントできるようにしておく。
⑨さらに会議にてお客様に喜んで頂けそうなアイデアを出し、実行していく。

■実行時の注意点
とにかく楽しみながら続けること。途中でやめてしまうことが最もカッコ悪い。また見せ方もお客様を飽きさせないような工夫が大切。「さすが！」と言われたらヤル気はさらにアップです。

とても、いい気分！

ちょっと注意点になってしまうのですが、大事なことなのでお話しておきます。
「いい言葉」に書かれている内容は、「今は違うけど、先々はこのようになりたいよね」とか「本当はこうあるべきなんだよね」とか「それでいいんだよ。次はもっと頑張ろうね」というようなことです。

その言葉を選び、毎日見ているはずの私たちの行動や態度があまりにもかけ離れていたとしたら…。おそらく、鼻で笑われます。苦笑いされます。ガッカリされます。嫌味言われます。悪い話題のネタにされます。

どこで誰が見ているかわかりません。だからこそ、「いい言葉」コレクションは覚悟を決めて、真剣に向き合わなければなりません。最初はつらいかもしれません。でも半年後、たくさんの感動ストーリーが生まれているかもしれませんよ。だって「いい言葉」には「いい出会い」を引き寄せるパワーがありますから。

今回の言葉

例えば、近くに歯医者が2軒ある。同じような料金、同じようなメニュー、同じような接客、同じような技術。さて、どちらに行くか？　答はもちろん、楽しませてくれそうなsomethingがあるほうだ。

chapter 5　モチベーション・アップ

chapter 5　129

Motivate your Staff!

目指せ！ 明るく、楽しい、人気サロン

モチベーション・アップ　　アイデア3　　お掃除好き

お掃除研究会

あなたは、どちら？

　あなたは徹底派？ それとも、とりあえず派？ ひょっとして、まとめて派？ たまに派？

　今回のテーマは「お掃除」です。な〜んだ掃除か、とあなどるなかれ。はるか昔、シュリハンドクというお釈迦様のお弟子さんは、ひたすら掃除を行い悟りを得た人でした。「掃除は心を清める行いだ！」という教えでしょうね。

　確かに、散らかり放題。何がどこにあるのかわからない汚れた部屋（車とかも）を掃除する。きれいになれば、やっぱり気持ちよい。思わず、何か新しいことにもチャレンジしたくなる。まさにメリットのオンパレード！ どうです？ 掃除したくなってきましたか？

「頭レベル」から「身体レベル」へ！

　私がコンサルタントという仕事を始めたときのことです。当時、目標とする先輩コンサルがいて、とにかく見よう見マネで毎日をすごしていました。しかし、3か月たっても仕事がない。もうダメだ。廃業しようと何度も思いました。そんなときは決まって事務所を掃除します。

すると気がつかなかったことに気づくのです。例えば、今できないことをやろうと背のびしすぎて、結局何もやってないこと。あるいはコツコツと辛抱強くやるしかないはずなのに、大きな変化を求めすぎていることなど…。掃除を終えて早速、手帳を広げ「今、自分ができることは何か？」についてリストアップ。そして無心で掃除をしたように、迷わず実践を繰り返す。すると少しずつ仕事が増え結果が出てきました。恐るべき掃除パワー。本当にオススメ。さぁ、キレイにしたくてウズウズしてきましたか！

■導入プログラム「お掃除研究会」の活動報告

　このプログラムは、サロンに、このようなメリットを引き寄せます。

☆腹筋、腕立て、走りこみ、スクワット。地味なトレーニングですが、やればやっただけの結果が得られます。掃除も地味です。しかし「地味には大きな価値があること」を見いだす目が養われます。

☆店内がキレイになったら、次はお店の周りを掃除する。さらに、足を伸ばしてご近所も掃除する。すると喜ばれる。寒い日も暑い日もある。ひたむきに続けていると必ず誰かが見ている。応援してくれる人もでてくる。義務でないことをどれだけやれるか？　が地域1番店の証かもしれません。

☆お掃除についての方法や心の効用などについて詳しくなる。そしてお客様に情報提供すれば、ライバル店と一味違う差別化につながる。

やってみよう！

■プログラム概要

　文字どおり、「お掃除研究会」を発足させます。目的は、内なる成長と、外への広報活動です。

　具体的には、

①さまざまな場所の効果的な掃除方法を開発し、具体的なノウハウにまとめる

②地味なことの実践を通して心の成長を実感

③それらをお客様に、会話、お店の新聞、POP、手紙、ニュースレター、メールなど、さまざまな手段を使い情報提供していく

④掃除が徹底しているお店＝美への探究心が高いお店、というブランディングを達成する

アイデア 3 お掃除好き

■参加対象／全員。または研究会メンバーを選出する、あるいは希望者を募る。
■実行期間／自由。
■実行サンプル
①お掃除研究会の発足式と会議を行い、以下のことを決める。
□研究会のミッション（目的＝何のために？）を決めて、ハッキリと言葉にまとめる。
□研究会の活動報告をどのような形で伝えていくかを決める。
（例1）お掃除新聞を発行して、お客様に情報発信のため配布する。
（例2）トイレには、トイレ掃除についての情報を貼る。セット面近くには、「お風呂の鏡が曇って見えなーい。そんなイライラをすぐに解消できる秘策を発見！　詳しくはお掃除研究会まで」というPOPを置く。
□具体的な掃除の場所、日程、期間、担当者などを決める。
□記録資料として、お掃除日報などを作成する。記入項目には［今日の気づき］とか［今日の感想］などの心の動きをメモできるとなおよい。

②お掃除開始。
③見返りを気にしない。とにかく、せっせと継続。
④日報に記入。
⑤各種広報物の制作。手づくり感がウリです。完璧主義になってしまい進行が止まらないように注意。
⑥お客様に配布など活動報告をする。形式ばらずに、話のネタづくりくらいでちょうどよい。
⑦お客様の反応を見ながら、修正・改良していく。
■実行時の注意点
学校のお掃除当番。ハッキリ言って私はおふざけ組でした。「ちゃんとやれ！」と先生に叱られました。さて大人になった私たち。ダラダラやっていたり、適当にやっていたりすると、近所の評判はトップギアで急降下。ヤルと決めたら一途な気持ちで突っ走っりましょう！

とても、いい気分！

ロダン作『考える人』という芸術作品があります。あのポーズ、私は断固反対です！　なぜかと言えば、あの姿勢でポジティブな気持ちになれた経験がゼロだからです。ちょっとやってみてください。情熱やパワーがわいてきますか？

人間って、考えこんでしまうと身体の動きは停止状態になります（私は今まで踊りながら悩んでいる人を見たことがありません）。動いてないということは、何も行動していないということです。だから現状はまったく何も変わらないので、さらに悩みは深くなる。

はぁ〜（タメ息）…ぜんぜん楽しくない。暗いトンネルから抜け出すには、とにかく身体を動かして進む。それしか方法はありません。

では何をするのか？　何でもいいのです。今、できることを一所懸命やる。それが秘訣です。例えば、お店の床をモップではなく、手拭きしてみる。そうすると心の中に変化が起きるかもしれない。あるいは、くたびれたタオルを雑巾につくり直して、ご自由にお持ちくださいと置いておく。そうすると喜んでくれるお客様がいらっしゃるかもしれない。お掃除こそ幸運を呼び寄せる魔法なのです。

今回の言葉

人間は地味なことを馬鹿にする。人間は、華やかでチヤホヤされることを潜在的に望む。そんなとき掃除を甘く見る。すると汚れはいつまでも消えない。

chapter 5 モチベーション・アップ

Motivate your Staff!

目指せ！ 明るく、楽しい、人気サロン

モチベーション・アップ　アイデア4　教え好き

「人気講師」養成講座

先生！ 先生！？

　昔々、私の母が26歳の美容師だったとき。親子ほど年齢が上のお客様から「先生！ 先生！」と呼ばれていました。この話をするときはいつも、細い目が大きくなります。

　さてさて、一般的に先生といえば生徒に教えることがお役目。ところが学生時代を思い返すと、教え上手な先生もいれば、催眠術をかけているのかと思うほど"寝かせ上手"な先生もいました。その違いはどこにあったのでしょうか？
「そんなこと考えたって役にたたないよ！」と思うなかれ。店販だって、メニューチェンジだって、指名を増やすことだって、再来率向上だって。数字が伸びている人は間違いなく「教え上手」なのです。今回は「教える」について整理しましょう！

「頭レベル」から「身体レベル」へ！

　そもそも「教える」とは？　まずはこの意味確認からはじめます。

　結論から言いますと「教える」とはメッセージを受け取った相手が"期待"と"可能性"をイメージすることができる。これがゴールになります。つまり、教えた相手が

「こうなりたい！」
「ああ、これなら私にもできる！」
「あの人にできるなら自分だってできるはず！」
と自信がもてる状態です。

　似た言葉に「伝える」があります。「伝言」や「留守番メッセージ」などのように、情報やニュース、事実などをそのまま相手に届けることが「伝える」の目的。

　ところが「教える」となると相手が「得した！」と思えるレベルにまで引き上げなければなりません。単に情報を右から左へ流すだけではないのです。このことはお客様に提案するときも、講師として人前に立つときも同じです。

■導入プログラム 「人気講師」養成所

　このプログラムは、サロンに、このようなメリットを引き寄せます。
☆教え好きになると、「お客様に教えてあげたい！」という気持ちが優先します。結果、売り上げが伸びる。なぜなら、お客様は知らないから、教えてもらってないから、購入していないだけなのです。
☆教え好きになると、サロン内だけでなく外部講師や原稿依頼など活動の場が広がります。
☆教えることで1番勉強になるのは、「教わっている人」ではなく「教えている人」です。受信者ではなく、常に発信者であろうとすることが成長を加速させます。
☆教え上手を目指すと自分を磨き続けなくてはならないことに気づきます。チャレンジしている人はいつだって魅力的です。

やってみよう！

■プログラム概要

　サロンでの勉強会。講習を受講された方が講師となり、サロンスタッフの前で講習する。これ、よくやってらっしゃいますよね。この形でスタッフ一人ひとりが講師となって研究したテーマを教える。目的は場数を増やすこと。講習テーマを決める基準は"お客様へのプチ・イベントにして開催しても喜ばれそうか"にすると一石二鳥になります。

　例えば、「基本がわかると楽しさ10倍！　スタイリング虎の巻講座」とか、「見た目で損しないための第一印象レベルアップ講座」などお客様にもメリットがありそうな内容は喜ばれると思います。

■参加対象／全員。
■実行期間／自由。

アイデア 4　教え好き

■実行サンプル
①まずは会議を開催。勉強会のテーマを決めます。全員が必ず1回は講師となるようなスケジュールにしましょう。人数が多い場合にはペアやチームにしてもよいでしょう。
②おのおのがテーマを研究。内容をまとめていきます。
③勉強会を開催。講師が皆に教えます。わかりやすく楽しい講習になるように工夫しましょう。時間は60〜90分くらいがちょうどよいと思います。
④講師は録音、録画をして自分の講習を後で客観的にチェックしましょう。
⑤講習後、受講者に「よかった点と改善点」の感想を聞きましょう。耳の痛いことを素直に聞けたら"人気講師の称号"はもう目の前です。

■実行時の注意点
慣れないうちは必ず緊張します。緊張を乗り越える近道はないので、本番前の練習量と場数しか頼ることはできません。例えば100回リハーサルして、ドーンとアタック！とにかく経験あるのみです。

とても、いい気分！

「教える」には、ちょっとコツがあります。まず、大前提があって「どんなに素晴らしい情報や内容であっても、受け取る側に(相手に)何も気づきが起きなければ、「教えてないと同じ」ということ。

相手から"気づき"を引き出すためには、相手の中にある"気づきの材料"を使わせて頂きます。その"材料"とは、その人の「知識」「経験」「実績」の3つです。

例えば、料理が趣味という男性のお客様に頭皮ケアを提案したい場合は、
「髪と野菜ってよく似てるんです。ほら、甘みがあってジューシーな大根と、なんか味ぬけしたような大根。何が違うと思いますか？　答えは"畑の土"なんです。しっかり手入れされて、栄養が行き渡っている土からは美味しい野菜がとれる。髪も同じで、まずは頭皮が大切なんです」
という例え話で教えていく。童話や昔話、誰もが見たような子供向けアニメや映画などは"材料ネタ"の宝庫です。

今回の言葉

人間は、「こうしなさい」と命令されると反抗したくなる。しかし、「こうするといいよ」と教えられると聞く耳を持つ。

chapter 5　モチベーション・アップ

chapter 5　133

Motivate your Staff!

目指せ！明るく、楽しい、人気サロン

モチベーション・アップ　アイデア5　癒し好き

デトックス・インタビュー

見えないものはマネできない

　願望は強いが現実は厳しい。私はイケメン系でない。人気アニメキャラの名前で呼ばれることもあるから体型的には癒し系なのだろう。「癒される〜う」という言葉が日常会話に使われはじめたのはいつ頃からだろう？　その前は「かわいい〜」とか「落ち着く〜」とか「ホッとする〜」だった。"癒しブーム"でアロマオイルやリラックスマッサージも流行ってる。

　ところで"癒されるお店"とか"癒しの空間"ってどんな場所なんだろう？　鳥のさえずり、小川のせせらぎ、波の音のような心地よいヒーリングサウンド。温かみがある照明。ローズウッドの香り。マイナスイオン発生機（？）。

　でも、ご注意頂きたい！　これらは"外側の癒し"。予算があれば誰でもパクリ可能だ。しかしながら"内側の癒し"はちょっとやそっとじゃマネできない。本気の魂（スピリッツ）が必要なのだ。

「頭レベル」から「身体レベル」へ！

　私の"癒し"イメージは、「仙豆」だ。漫画やアニメで有名な鳥山明作の「ドラゴンボール」に出てくる仙人カリン様がつくる不思議な食べ物。どんなに傷つき、ケガした身体でも一粒食べればスグ回復。このような、「本来の自分」「素顔の自分」「自然な自分」に戻ること。それが"癒し"なんだと思う。

　人間は心が傷つかないように、さまざまな鎧を着て自分を守る。例えば、攻撃的になる。無関心になる。浪費する。自己顕示する。いい人ぶる。悪ぶる。カッコつける。まだまだあるけど、こうして守りの鎧をたくさん着れば着るほど重いので疲れる。笑顔も消える。身体の疲れは寝ればとれるが、心の疲れは回復しない。この疲れが"心の毒"になる。毒は、心をさらにカチカチに固める。不思議なことに身体もコチコチになっていく。心と身体はつながっている。肩や首がガチガチな人。頭皮が硬すぎる人。そんなお客様が目の前に現れる。さぁ、あなたならどうする？

■導入プログラム　デトックス・インタビュー

　このプログラムは、サロンに、このようなメリットを引き寄せます。
☆癒し好きになると、ファンが増える。「お疲れ様でした！」と、しっかりと伝える人が嫌われることはありません。
☆癒しとは愛がベース。愛の反対語は、嫌いではなく、無関心。まずは相手の"そのまま"を認める。次にほぐしていく。サロンビジネスのホスピタリティ。その真髄がコレ！　ホテルやレストランでは絶対に真似できません。
☆癒し好きなお店は、お客様にとって素に戻れる貴重な場所ということ。そんなお店が価格競争に巻き込まれることは想像できません。

やってみよう！

■プログラム概要
「本当はこうしたいんだよ！」「本当の私はこうなんだよ！」と自分の言いたかったことを正直に告白できたら、とてもスッキリします！　でも現実はなかなか言えない。だから"心の毒"がたまる。それならサロンでデトックス（毒出し）もして、キレイに、カッコよくなって頂こう！　というプログラムなのです。まずはシャンプー後のマッサージ。このタイミングからトレーニングしてみましょう。
■参加対象／全員。あるいは希望者。
■実行期間／自由。

アイデア 5 　癒し好き

「がんばってますね…」

■実行サンプル
①まずはスタッフ同士のロールプレイングからはじめていきます。でもお互いにマッサージしますので、ちょっと得した気分にもなれます。
②今回は心理的ツールとして「ペーシング質問」「掘り下げ質問」「共感：ねぎらい」の3種類を使用。順を追って説明していきます。
③はじめにキッカケ質問。今回は、肩と頭皮です。各箇所の状態をチェック。固い箇所があったら、このような言葉がけをします(特にひどいところ1箇所でもいいし、2箇所でも、臨機応変に言葉を変えてみてください)。
(肩の例)
「ああ、これは大変です。肩、ガチガチにこってますね。よく肩の荷が重いっていいますけど、最近プレッシャーを感じることが何かありましたか？」
(頭皮の例)
「ちょっと頭皮が固めですね。頭を使いすぎて、お疲れじゃないですか？」
④次に「掘り下げ質問」。お客様が「えっ？そうね…」とか「別にないな…」など思い当たることを考え始めたら、「何か思いあたることありますか？」と軽くサラッと聞く。お客様が話しはじめたら聞く。デトックスの開始です。
⑤そして「共感：ねぎらい」。聞きながら「大変でしたね〜」「頑張ってますね〜」「それはつらいですよね〜」という、ねぎらいの言葉をかけましょう。
⑥この間、マッサージは続いています。最後は「頭皮は髪にとっても大事なところですから、大切にしてあげてくださると嬉しいです」とか「大事なお身体なんですから、もっと大切にしてあげてくださいね」と締めてください。
⑦マッサージとデトックス・インタビュー終了後、相手にちょっと笑顔が出たら成功。練習の次は本番。お客様にチャレンジ！

■実行時の注意点
小手先の手法や言葉使いだけではうまくいかないでしょう。ロープレも本番も「いつもお疲れ様です」という気持ちがあれば絶対にうまくいきます。

とても、いい気分！

　私の店販講習やトレーニングに参加された方は最初、戸惑います。なぜなら話すトレーニングより、聞くトレーニングの方が多いからです。でも普通、自分の期待や悩みを聞こうともしない人に大切なお金を渡す気にはなれませんし、大事な髪をまかせることはできません。だから聞く。でも大体はまだ不十分。デトックスされてはいないのです。毒が消えれば、相手はあなたの"教え"を素直に聞いてくれるようになります。

今回の言葉

人は自分を"癒してくれる存在"をなによりも大切にする。なぜなら生きていることを実感できるからだ。

chapter 5　モチベーション・アップ

Motivate your Staff!

目指せ！ 明るく、楽しい、人気サロン

モチベーション・アップ　アイデア6　インタビュー好き

ヒーロー・インタビュー

お客様は主役です！

　僭越ながら私の持論をはじめに。「お客様は神様ではない。お客様は主役なのだ！」。神様なら何でも1人でできる。だったらカットもカラーもパーマも、チョチョイのちょい、と自分でできるはず。でも実際は無理。ゆえにお客様は決して神様ではない。それよりも「お客様は主役なのだ！」と叫びたい。誰もが、まぎれもなく自分の人生において主役。代役は絶対に見つからず、脇役になることもない。

　そして、今日もサロンに主役たちが登場。席が埋まってくると、ここにも、あちらにも、ヒロインとヒーローが座っている。主役たちがサロンに訪れる目的は何だろう？　それは「昨日までの"頑張り"を癒し、明日からの"活躍"を確かなものにするため、ヘアスタイルを整えに来た」のだ。さぁ、今回のテーマは「ヒーロー・インタビュー」。主役たちの人生に耳を傾けてみよう。

「頭レベル」から「身体レベル」へ！

　「さぁ本日のお立ち台！　見事、サヨナラホームランを放ち、チームの勝利に大きく貢献した石山選手です！」と、プロ野球ではヒーロー・インタビューが試合後に行われます。また、テレビやラジオ、雑誌などでは有名人が必ずインタビューされる。つまり主役はインタビューされる義務がある。これまでの苦労や喜び、そしてこれからの夢について大いに語ってもらわなければならないわけです。では現在、あなたのお店の主役たちはいかがでしょうか？

　もしヒーロー・インタビューができていないとしたら欲求不満になっているかもしれません。特に、メニュー提案を積極的に受け入れてくれるお客様。ホームケア商品やスタイリング剤を毎回、購入してくれるお客様。これまで通っていたサロンに物足りなさを感じ、勇気を出して当店に初めてお越しくださったお客様。これらの主役たちには、雑談よりもヒーロー・インタビュー。なにしろ、お金や時間や期待感を私たちに賭けてくれた大切な方々なんですから。

■導入プログラム
ヒーロー・インタビュー

　このプログラムは、サロンに、このようなメリットを引き寄せます。
☆ヒーロー・インタビュー好きになると、こちらが話さなくていいのでお客様との会話がラクになります。口べたを自称する方には特におすすめです。

☆ヒーロー・インタビュー好きになると、悩みや不安が減ります。これらの原因は自分の妄想が半分。自作自演がもう半分。相手に直接聞いてしまうのが1番です。

☆ヒーロー・インタビュー好きなお店は人気があります。なぜなら、どうしたらファンになって頂けるかお客様に聞いているから。お店のセールスポイントを1番よく知っているのはお客様。自分たちで考えてもわかりません。

☆ヒーロー・インタビュー好きを目指すと、お客様のドラマに触れるチャンスが増えます。一緒に悩み、共に喜び、お互いに勇気づけられる。美容師でよかった！と実感できる機会が増えます。

やってみよう！

■プログラム概要
　テレビ通販番組や通販広告は体験談だらけ。実は最も効果の高いセールストークはお客様の体験

| アイデア 6　インタビュー好き

談だからです。このプログラムは2つの目的があるのですが、1つ目は"お客様の体験談やエピソードをたくさん集めること"。そして2つ目が、"お客様を元気にすること"です。私はセミナーの中でこんなことを話します。
「今までセミナーで寝てしまったことありますか？　ところで寝ながら話している講師を見たことありますか？　ないですよね。これ、かなり重要なこと！　実は…眠くなるのは絶対に聞いている人。話している人は元気なんです！　きっと酸素がたくさん入るからでしょうね」
つまりお客様に語って頂く。あなたは聞く。それだけで主役は前向きな気持ちになれるのです。

■参加対象／全員。
■実行期間／自由。
■実行サンプル

①まず約束事を決めます。それはどのようなお客様にインタビューするか？　例えば、
(a)前回のヘアスタイルを気に入って頂いたお客様。
(b)サロン店販商品をリピート購入して頂いたお客様。
(c)サロンメニューを再オーダーをされたお客様。
(d)今回、初来店のお客様。

②次にインタビューの質問リストをつくります。以下は(a)の例です。
1.「このヘアスタイルにされる前はどんなことに悩んでいましたか？」
2.「されてみて、具体的にどう変わってきましたか？」
3.「どうして気にいって頂けたので

しょうか？」
4.「これまでされてきたことと何が違いますか？」
5.「これからも続けていきたいですか？」
6.「それはどうしてですか？」
続いて(d)の例。
1.「はじめまして。ご来店ありがとうございます。今回はどのようなキッカケでお越し頂けたのですか？」
2.「○○様が美容室を選ばれるときに1番大事にしたいことは何ですか？　今後の参考のためにも教えて頂けたら嬉しいのですが…」

以上を参考に、お店にあわせた質問や言葉を作成してください。

③最後に、ヒーロー・インタビューをどのように記録し残していくかを決めます。もっとも使い勝手がいいのは、専用記入シートを作成し、記入する方法です。このシートにあらかじめ質問項目を書いておき、話を聞きながら記入するもよし、後から記入するもよし。お客様自身に書いて頂くこともGOODです。

④では、1人でも多くヒーローインタビューをしていきましょう！

⑤専用記入シートは1冊のファイルに閉じて、全員がいつでも見れるようにしておきましょう。また、素敵なエピソードは他のお客様にもご紹介できるように工夫していきましょう。文字だけでなく写真や映像など今後の可能性は広がっていきますよ。

■実行時の注意点
ヒーロー・インタビューなんですから、あなたが話しこんだり、話したくて仕方ない気持ちを抑えられないようでは成立しません。

とても、いい気分！

「これで新しい恋が始まりました！」
「これを使い出してから、主人が家事を手伝ってくれるようになったんです。ヤッタネ！！」

　これらは以前、大変結果の出たPOPのキャッチコピーです。商品はアウトバストリートメント。このようなセールスポイントは決してパンフレットには書いてありません。ヒーロー・インタビューを続けてきたからこそ巡り合えたものです。"お客様が喜んでくれた"ことこそが美容の仕事の醍醐味であり、最強のモチベーション。お客様は毎日、一所懸命頑張っていらっしゃるのです。その証として、今回のようなプログラムを仕組みにされることをオススメします。

今回の言葉

自分のプライベートを聞かれるほど嫌なことはない。だからお客様は口を閉ざす。ここは美容室。美容にまつわる経験だったらお客様の口はなめらかになる。

chapter 5　モチベーション・アップ

Motivate your Staff!

目指せ！ 明るく、楽しい、人気サロン

モチベーション・アップ　アイデア7　**イベント好き**

「コスプレ」の日

明るく！ 前向き！ 元気！

イベント♪ イベント♪ うれしいな〜♪

そうです。今回は「イ・ベ・ン・ト」でございます！ なんでテンション高いかというと、イベントは主催者側が盛り上がってないと楽しくないからで〜す！

ところでイベントの目的って何だと思いますか？ 答えは「人を集めること」です。誰もいない。寄りつかない。ただ風が吹いているだけ。そんなイベント会場。悲しいですよね。切ないですよね。

では、「人を集める」ためにはどうすればいいのでしょうか？

「頭レベル」から「身体レベル」へ！

あなたが街を歩いている。前方に黒山の人だかり。喧嘩みたいだ。ついつい野次馬の輪に入ってしまう。そして1時間後。「さっき、すごい喧嘩を見た」と、友人に話題を振り、会話が始まる。

もう1つサンプルを。「あの芸能人の恋愛スキャンダル発覚！ そのお相手とは？」とワイドショーを見る。職場では、この話題で盛りあがっていた。

さてさて、この2つに共通しているキーワードはズバリ「話題」です。人はいつでも話題を求めています。需要が高い分野です。つまり人を集めるには話題が必要なのです。それならば話題になるようなイベントを開催してみたらどうなるでしょうか？

さて、今回のプログラムはこちらです。

■導入プログラム 「コスプレ」の日

このプログラムは、サロンに、このようなメリットを引き寄せます。

☆いくつも美容室がある中で、差別化を図りたい。でも価格を下げたくはない。あるいは高級感のある外装や内装に変える予算はない。それならイベント。お金をかけずに知恵を出す。抜群の経営マインドが磨かれます。

☆マスコミは常に「話題」を探しています。大イベントでなく小イベントだって、楽しさ、愛、貢献、珍しさなどの要素があれば取材される可能性が高い。

☆休眠客にキャンペーン案内のハガキを出すより、イベント案内をするほうが興味を持って頂きやすいです。

☆サービス精神とは何か？ と考えてすぎて頭デッカチになるより、その本質を数倍早く会得できるチャンスです。

やってみよう！

■プログラム概要

今回のテーマをわかりやすくするために極端なイベントを取り上げました。別にコスプレじゃなくてもいいのです。「サロンで何か楽しそうなことが起きているみたい」と認知される。「私が行ってるサロンはこんなことをしているよ」と口コミされる。この2つが達成できれば、スタイリング勉強会でも、お子様塗り絵コンテストでも何でもいいのです。お店の雰囲気にあったイベントを企画してください。

■参加対象／全員。

■実行期間／イベントの日程を決めておく。

■実行サンプル

① イベント企画会議を行う。コンセプト、目的、開催日程、準備物の確認と手配、予算をはじめ、お客様への告知方法の確認や、通りがかりの方に興味をもって頂くための立て看板、ディスプレイ、ポスターなどの検討を行う。また、新聞社、テレビ局、ケーブ

アイデア 7　イベント好き

ルテレビ局、ラジオ局へのプレスリリースも検討する。
②準備作業を行う。今回は○月○日を「白衣の日」とすることにして、ナース服やお医者様グッズを探す。来店されたお客様には「髪診断」をすることも決まる。処方箋を作成。ヘアケアについての関心を高めてもらう。
③告知作業を行う。聴診器を髪にあてているユニークな絵柄の楽しいチラシを手づくりで作成。店頭で配布したり、郵送したり、近隣にポスティングしたり、ホームページで告知したりする。
④イベント当日。こちらが少しでも恥ずかしがっていたら台なしだ。演技力が感動を呼ぶ。サービス精神を発揮しよう！
⑤ご来店されたお客様にアンケート記入をお願いしよう。選択式ではなく、自由記入式の方がよい。こちらのモチベーションがあがるようなお言葉を頂戴しよう。
⑥次回のイベント案内も、できればこのときに告知しておこう。

■実行時の注意点
やりはじめは、必ず来店者が少ない。こんなことやったって無駄。アホみたい。笑われたくない。そんな思いでイベントを止めてしまってはもったいない。信頼とは続けることで築かれるのだ。

とても、いい気分！

今や"犬も歩けば美容室にあたる"くらい美容室があり、美容師がいる。その中から、どこのお店、または誰を選べばいいのかは大変な難問です。
そのためお客様がサロンを選ぶときは、①価格、②外観、③噂の3つしか選択肢はありません。言葉を換えれば、
①金額は妥当か？　お得か？
②センスは自分にあってそうか？
③評判はどうか？
ということになります。
これらの少ない情報をもとに、自分のヘアスタイルをまかせるお店を選ぶわけです。ある意味、ギャンブルだと言う人もいます。そんな環境の中からお客様に選ばれるお店になるためにはどうすればいいのか？
完全な正解はありませんが、ヒントはあります。それは「楽しさ」です。
人間は楽しませてくれる存在を常に欲しています。楽しいことをどんどん取り入れたいと願っています。ただ、それがどこにあるのかわからない。だからこそ「美容って楽しい！」という提案とアピールができるお店にはお客様が集まるのでしょう。ぜひ、あなたのお店のイベントをそのキッカケにしてみてください。

今回の言葉

人間は「動いている存在」に興味を示す。最初はくだらないイベントだと思えても確かに動いているのだ。止まってしまった存在は遺跡となってしまうぞ！

chapter 5　モチベーション・アップ

Motivate your Staff!

目指せ！明るく、楽しい、人気サロン

モチベーション・アップ　アイデア8　挨拶好き

「あいさつMVP」は君だ！

本当に小さい？

今回は「挨拶」です。すべてのコミュニケーションは「挨拶」からはじまりますよね。

「おはようございます」とか「こんにちは」「いらっしゃいませ」「ありがとうございました」などなど。老若男女、日本全国、万国共通、まずはとりあえず「挨拶」。

しかし、このたったひと言で幸運を引き寄せる人もいれば、不運を招く人もいる。

とかく小さいことに手を抜いてしまうのが人間。「小さいことからコツコツと」という成功法則は永久に不滅なのだ！

「頭レベル」から「身体レベル」へ！

ラーメン屋さんでお勘定。「ありがとうございます」と声はする。でも誰もお客様を見ていない。このような「心ない挨拶は迷惑！」と思うのは私だけではないでしょう。「言えばいいんだろう」「言ったんだからいいだろう」「言わなければならない」そのような気持ちは、態度やしぐさ、目、声を通して、ビンビン相手に伝わります。

その原因は、言語メッセージ（言葉）と非言語メッセージ（身体）のズレ。ここから不信感はスタートします。まさに百害あって一利なし。この憎き「ズレ挨拶」を「ビューティフル挨拶」に改善することは実は簡単。もちろん、盛り上がりながらのオンジョブトレーニング。今回のオススメはこれです！

■導入プログラム 「あいさつMVP」は君だ！

このプログラムは、サロンに、このようなメリットを引き寄せます。

☆「ビューティフル挨拶」とは、「私はあなたのことをとても大事に思っていますよ」という気持ちを相手に伝えること。結果、お客様の安心感は高まります。

☆心が身体を動かしています。「ズレ挨拶」のチェックは、お客様への想いをチェックすることにつながります。

☆スタッフがお互い励まし合いながら「ビューティフル挨拶」を実践する。仲間がいるからこそ継続ができるのです。

☆仕事のときだけオン。プライベートはオフになる裏表レベルは、かえって疲労感が増します。今こそ人生をバージョンアップさせるチャンスです。

やってみよう！

■プログラム概要
「ビューティフル挨拶」が自然にできる身体になることが最大の目的。終礼時（朝礼）、今日の営業中で、最優秀挨拶だった思う人を選び、努力をたたえる。決め方は多数決でもいいし、店長の独断でもいい。そのときに最もよい方法を工夫するとよいでしょう。

そして、肝心の評価基準ですが、以下を参考にしてみてください。
☐挨拶に気持ちが入っているか。
☐ハッキリと聞こえるか。
☐語尾までしっかり言えているか。
☐お客様と目線が合っているか。
☐身体をお客様に向けているか。
☐ながら挨拶になっていないか。
☐自分の担当でないお客様にも声かけしているか。
☐挨拶が単調でなく、工夫されているか。
☐挨拶+お名前がベスト。
☐何よりもお客様の反応はよいか。

■参加対象／全員。オーナーや店長も参加されると後輩に大変学びになります。

■実行期間／自由。毎日でもよいし、期間を決めてもよい（期間や

アイデア 8　挨拶好き

とても、いい気分！

昔々、私が初めてアルバイトに行くときに、母が1つだけアドバイスをくれました。それは「挨拶だけは、しっかりとやれ！」でした。

最初から仕事が完璧にできる人はいない。でも挨拶ならビギナーだってできる。「今、できることは手を抜かずにやりなさい」と言いたかったのでしょう。

そのおかげなのか、先輩に気に入られ、仕事を覚えるのが早かった思い出があります（もちろん時給UPも）。つまり、私は挨拶で得をしたのです。

今は、自分の子どもたちに実感してもらえたらいいな〜と思います。通信簿では怒りません。でも、お礼や挨拶ができなかったときは場所も構わずお説教です。たいした親でない私がたった1つだけ教えられること。それが「挨拶」なのです。

では、今回のアイデアを基に、あなたのお店用のプログラムをいつから導入するか。ぜひ、相談してみてください。

開催頻度については、お店の年間計画や諸事情に合わせて柔軟に設定してください）。

■実行サンプル
① 「ビューティフル挨拶」の評価基準をつくり、全員に配布、または公表する。
② 毎朝、仕事に入る前には評価基準を、全員、または本人が再確認しておく。
③ 1日の営業後、あるいは終礼のとき、本日の「あいさつMVP」を決める。多数決の場合は、一斉に指差して決めたりとか、店長が決める場合は、決めた理由を話してもらうと、今後の参考になるでしょう。
④ MVP受賞者にヒーロー・インタビューを。大きな拍手を贈ろう。
⑤ 例えば月間最優秀MVPには、店長が15分マッサージをしてくれるなんていうご褒美はどうでしょう？
⑥ このプログラムがマンネリ化や形だけのものにならないように、「楽しさ」と「愛情」のクリエイティビティを大事にしよう。

■実行時の注意点
居酒屋風な元気満点挨拶が「ビューティフル挨拶」だとは限りません。お客様によっては大きな声が負担に感じるときもあります。声量よりも、あったかい声で挨拶することが大事です。

今回の言葉

「ズレ挨拶」がクセになると、すべてがズレてくる。そのまま続けてしまうと最後は孤独が待っている。

Motivate your Staff!

目指せ！ 明るく、楽しい、人気サロン

モチベーション・アップ　アイデア9　接客

「安心」と「ちょっとサプライズ」

どこからどこまで？

今回は、形はあるけど、形はない。できないけど、できる。わかったようで、わからない。なんともファジーなテーマ「接客」について掘り下げます。

サロンにおける「接客」の守備範囲はどこまでなのでしょうか？

たぶん「技術」以外のお客様が体験するすべてのことだと思います。お店に入られてから、お帰りになるまで。いやいや、それで終わりではありません。お客様がハガキ、DM、メールなどを受け取ったとき、どのような気持ちにさせてあげられるか、そして次の来店日には…。カバーすべきことは多そうですね。

「頭レベル」から「身体レベル」へ！

キャビンアテンダント、三ツ星レストランのウェイター、ホテルのコンシェルジェ、コンビニのレジ係、駄菓子屋のおばちゃん。みんな接客業です。また行きたい、会いたいと思わせる接客もあれば、どこも同じとシラけたムードな接客もあります。そもそも「接客」って何なのでしょうね？　もしも個人個人の定義や考え方がバラバラだとしたら…。当然、お互いの動きだって噛み合いません。

そこで私なりに定義してみました。こうでなければ接客とは言わない！　の公式です。

接客＝安心感＋ちょっとサプライズ

①まずお客様の立場になる
②今、どんな気持ちかを知る
③それらに応対、安心してもらう
④次に、ちょっとサプライズで喜んで頂く

では、今回のトレーニングへ。

■導入プログラム
　変身！ロールプレイング

このプログラムは、サロンに、このようなメリットを引き寄せます。
☆記憶に残る接客は相手の気持ちを知ることからはじまります。演技とはいえお客様に変身してみると、普段とは違う気づきが得られます。
☆「もし逆の立場だったら、どう思う？」という思考グセは、サロン内の人間関係育成についても必要不可欠です。
☆どうすれば相手の気持ちがわかるようになるのか？　どうしたら安心してもらえるか？　ちょっぴりサプライズには、どのようなバリエーションがあるか？　学びを深めながら、リハーサルができます。
☆もしかしてお店都合の接客になっていないかを、お客様視点で再チェックするチャンスです。

やってみよう！

■プログラム概要

人間は体験しないと学べません。自分とは違う立場や視点になれたとき、新たな気づきやアイデアが湧いてきます。しかし体験できる機会は個人のチャレンジ頻度によって差がでます。この凸凹を補うためロールプレイングで疑似体験を重ねます。

やり方です。まず役割を決めます。お客様役、美容師役、観察役という3人で行えればベストですが、2人の場合でしたら観察役は除きます。

次に場面を決めます。電話での問い合わせ、初来店時、カウンセリング、技術中、お茶出し、マッサージ、放置中…などなど、場面はたくさんあるはずです。強化したい場面をチョイスしましょう。

ロールプレイング後は、以下の項目をチェックしながらお互いの学

アイデア　9　接客

安心感 プラス ちょっとサプライズ

とても、いい気分！

　見知らぬ土地に行く。待ち合わせまで時間があるから喫茶店に入る。メニューを渡される。開くと「先週のコーヒーご注文ベスト5」とある。迷わず1位をオーダーする。これが『安心』。ひと口飲み、ホッとしたところで、「今、チーズケーキが焼きあがったので、少しですが召しあがってみてください」と持ってきてくれた。予想外だ。これが『ちょっとサプライズ』。この店、覚えておこうと思う。

　初めて行った美容室からハガキが届く。「またのご来店を、お待ちしております」のような内容だろうと別に期待もせずに見る。ところが何回も読み返してしまう。字は特別上手ではない。でも1文字1文字ていねいに書かれている。これが『安心』。そして、「石山さんは、さらにカッコよくなれる可能性を秘めています。詳しいことは次回お話しますね」という文章に目は釘付け。これ『ちょっとサプライズ』。絶対に次も行くと誓う！

　こんな感じで、『安心』と『ちょっとサプライズ』は無限にあります。さぁ、次はあなたの番です。目指せ、伝説の接客！

びを深めます。
□お客様役に安心を提供できたか？
□それは具体的に何だったのか？
□お客様役にちょっとサプライズを提供できたか？
□それは具体的に何だったか？
■参加対象／全員。2人ペアか、3人チームで行う。たまにメンバーをシャッフルする。
■実行期間／自由。営業前後の空き時間などを有効活用してください。
■実行サンプル（例：3人チーム）
①お客様役、美容師役、観察役を決める。
②場面を決める。
③お客様役は完全になりきること。それがロールプレイング成功の鍵です。コツは、実在のお客様をマネすること。その方の身体の動き・話し方・話すスピード・声・感情・テンション・気持ちなどをコピーして変身します（カツラやメイク、メガネなど。小道具はさらに効果的です）。
④ロールプレイング開始前には、お互い「よろしくお願いします」。終了時には「ありがとうございました」などの挨拶をしっかりと。
⑤観察役は、第3者の目となり、気づいたことなどをメモしましょう。
⑥終了後は、それぞれの気づき、アイデア、改善点、アドバイスなどの意見交換を行う。特に「安心」と「ちょっとサプライズ」について深く掘り下げられるとGOODです。
⑦時間があれば、役割をチェンジして再度行ってみましょう。

■実行時の注意点
ロールプレイングするときに禁止事項があります。①照れを持ち込むこと。②遠慮すること。以上の2点です。お互い大切な時間です。照れずに、遠慮しないで、真剣に取り組まなくては相手に失礼です。

今回の言葉

客数を伸ばす最も固く賢い方法は、「安心」と「ちょっとサプライズ」の接客である。

Motivate your Staff!

目指せ！明るく、楽しい、人気サロン

モチベーション・アップ　アイデア10　ほめ好き

「今月のほめマスター」を決めろ！

教えてください！

お客様の素敵なところを発見し、言葉で伝える能力。美容の絶対必須項目、「ほめる」です。

ちなみに昨日、あなたは何回ほめられたか覚えていますか？

では、次の質問。昨日、あなたはお客様のことを何人、何回ほめましたか？

総回数と、どのような言葉でほめたのか教えてください、と、聞かれて即答できる人はスゴイ！

「頭レベル」から「身体レベル」へ！

「ほめよう」と決めても、ほめ慣れしてないと「どこをほめるか」「何と言うか」わからず困ることの方が多いのです。

しかも、ほめ好き"当たり前"になるには強い意志が必要です。

だからこそ、1人で行うよりも店全体での取り組みがとても大事になります。

毎日の仕事の中に「ほめる」を上手に溶け込ませて実践していきましょう。もちろんベースは、「楽しさ」と「愛情」です。

そこで、こんなプログラムを導入してみてはいかがでしょうか！

■導入プログラム　やったね！ポイント

このプログラムは、サロンに、このようなメリットを引き寄せます。
☆ほめることを意識しだすと、人を見る目が変わり運気があがる。
☆「どこをほめるか」「何と言うか」のコツや具体的な言葉のストック量などが、スピーディーに集められる。
☆お客様に自信を与えることができる。その結果、価格や接客以上の付加価値が実現される。
☆お客様をほめる。すると、お客様は美容師やお店をほめる。というお互いの存在を認め合う素敵な関係が生まれる。
☆どうしたら、もっとお客様に喜んで頂けるか工夫するようになる。
☆店内の雰囲気が明るく、楽しくなる。

やってみよう！

■プログラム概要
「お客様をほめる」が"当たり前"になるためのキャンペーン。お客様をほめて喜んで頂いたら《やったね！ポイント》になる。自己申告制で朝礼（終礼）にて発表する。「どこをほめるか」「何と言うか」のバリエーション数が全員の学びを深めていく。

■参加対象／全員。
オーナーや店長も参加されると後輩に大変学びになります。

■実行期間／最低1週間は欲しい。
期間や開催頻度については、お店の年間計画や諸事情に合わせて柔軟に設定してください。

■実行サンプル
① 大きな紙に、個人別の棒グラフが書き込めるようにして、スタッフルームに貼る。
② 営業中、お客様をほめる。そして、お客様が喜んでくれたら、《やったね！ポイント》が加算される。来店したお客様だけでなく、手紙やハガキ、電話などの、お客様感謝コメントもポイント対象。
③ 朝礼、もしくは終礼にて。みんなの前で、今日もしくは昨日のポイント数を一人ひとりが自己申告する。そのときは、

(A) お客様名
(B) どのような言葉でほめたか？
(C) なぜ、そのようにほめたのか？
(D) お客様の反応や言葉は？
(E) 自分はどんな気持ちになったのか？

以上の5点を聞いている側の学びになるように話すとよい。時間の制限がある場合には、特に印

アイデア 10　ほめ好き

象に残ったものを発表する。
④聞いている側は、この場が「傾聴」のトレーニングであることも意識しながら聞く。メモを取ることもよい。発表を終えたら、拍手や温かいコメントを発表者に投げかけよう。
⑤発表が終わったら、棒グラフにポイント分をカラフルに記入する。開催期間で締めて、「今月のほめマスター」を決める。
⑥表彰式を行う。もちろん、楽しいプレゼントや特典、トロフィーなどを贈呈しよう。優勝者には、ほめるコツや自分の変化などについてスピーチをしてもらう。
⑦このプログラムがマンネリ化や形だけのものにならないように、「楽しさ」と「愛情」をもって全員で工夫していく。

■実行時の注意点
何事も、中途半端な気持ちで取り組むと、中途半端な結果となります。本気の気持ちで取り組むと、本気の結果となります。気持ち⇒結果はとても正直です。

とても、いい気分！
お客様が美容室に来店するときに、本当に望んでいることは何だと思いますか？
もちろんヘアスタイルをつくってもらうこと。髪や頭皮をケアしてもらうこと。そのために来店されるわけですし、対価として料金をお支払い頂きます。
しかしながら、お客様の本当の願いは、「自信アップ」だと思うのです。
残念ながら日本人は、ほめることがヘタと言われています。もし、あなたが"ほめ上手"に抵抗を感じるようでしたら、"自信アップの言葉がけ上手"と考えてみてはいかがでしょうか？　決して、損はないこ

とを保証します。
さぁ、今回のアイデアを基に、あなたのお店用のプログラムをいつから導入するか、ぜひ、みなさんでミーティングしてみましょう！

今回の言葉
アマチュアは相手の短所を発見する。
プロフェッショナルは相手の長所を発見する。そして、本当のプロは相手がまだ気づいてさえいないような長所も発見する。

chapter 5　モチベーション・アップ

chapter 5　145

Motivate your Staff!
目指せ！ 明るく、楽しい、人気サロン

モチベーション・アップ　アイデア11　感謝好き

感謝ねぎらいの「シャワータイム」

私は百発百中泣く

披露宴のフィナーレでは新婦が両親に手紙を読む。感謝の気持ちを素直に伝える瞬間だ。心からの「ありがとう」ほど美しいものはない。列席者の目に涙があふれる。ご両親も今までの苦労を洗い流すかのように号泣している。

さて、前置きが長くなりました。今回は「感謝」であります。

どうですか、感謝してますか？ または感謝されていますか？

そのまま読むと「感じて謝る」となりますが、具体的にはどういうことなんでしょうか。

「君は感謝が足りない」と誰かに忠告されたり、「もっと感謝しろよな！」と誰かに思ったり。日本全国どこでも「感謝不足」について不満が発生しているように思います。本当は教えなくてもできるはずの「感謝」なのに、なぜなんでしょう？

「頭レベル」から「身体レベル」へ！

先ほどの新婦も、ご両親も、毎日の中でいつも感謝しあっているかどうかはわかりません。ひょっとして、部屋がいつも散らかっている娘に母は、「こんな娘に育てた覚えはない！」と怒り、娘は、「あんたに似たからこうなったのよ！」と、お互いの心を傷つけあう戦いもあったはず。

まさに「感謝不足」な状況。この殺伐とした世界をバラ色に変えるために、「そもそも感謝とは？」について考えてみましょう。

ヒントは漢字。「感謝」とは"感じるセンス"と"謝る素直さ"が必要ということです。そして「感謝不足」になっていたとしたら「感じるセンスが不足している」と「謝る素直さが不足している」ということになるのです。それならば、「感じるセンス」と「謝る素直さ」の2つを常に磨きあげておくために、お店の仕組みにしてしまおう、という企画です。結果、小言の数が激減したとの報告も頂いております。

■導入プログラム 感謝ねぎらいの「シャワータイム」です！

このプログラムは、サロンに、このようなメリットを引き寄せます。

☆感謝好きな人の周りには、なぜだか人が集まります。しかも集まってくる人もいい人が多い。お店に"感謝好き"が何人もいれば、いいお客様がお店に集まってくれるのです。

☆感謝好きになるためには、普段見逃していることを見つけられるようになることが始めの1歩です。感謝の目がパッチリ開きます。

☆感謝好きになるためには、感じたことを素直に口に出して伝えることが第2ステップ。とにかく言葉にしなければ何も伝わらない。場数を重ねることが上達の早道。

やってみよう！

■プログラム概要

このプログラムの最終目的、というより願い、それはお店が「感謝好き」の中心になること。そしてお客様に、次にはお客様の家族や周りの方々へと「感謝好き」が伝染していくことです。

そのためには中心となるお店メンバーのハートに「感謝」がフルチャージされていなければなりません。そこで「感謝ねぎらい」のシャワーをみんなから浴びる儀式を行います。

■参加対象／全員。店長、幹部、オーナーの出席は大いにモチベーションがあがることでしょう。

■実行期間／自由。朝礼、終礼、

アイデア　11　感謝好き

打ち上げ、飲み会など、どんなときでも可。
■実行サンプル（朝礼にて）
①今朝の「感謝ねぎらいシャワー」を浴びる人を決めます（決め方は指名でも、くじ引きでも、なんでもOKです）。
②シャワーを浴びる人は前に出る。
③1人ずつが感謝を伝えます。伝え方はこのようにします。
「私は○○さんにとても感謝しています。その理由を聞いてください。それは～～～（具体的なエピソードなど）だからです。ありがとうございました。これからもよろしくお願いします！」
と大きな声で伝えてあげてください。
④伝える内容は基本的に自由ですが、「○○さんがいてくれたから、このように助かったから感謝している」という『存在性』についてや、「○○さんがこうしてくれたから感謝している」という『行動』について表現すると伝わりやすいと思います。
⑤全員が伝え終わったら、シャワーを浴びた人はみんなに感謝のお礼と感想を伝えます。
⑥皆で大きな拍手で祝福し、儀式を締めます。

■実行時の注意点
このときには、注意して欲しいことや、気をつけて欲しいことはコメントしないようにしましょう。シャワーはすべてポジティブに。儀式終了後に個別に改善アドバイスをするといいでしょう。

とても、いい気分！

私はこのプログラムが大好きです。なぜなら素直な心の力強さを感じることができるからです。

あるサロンでのことです。シャワーを浴びた女性スタッフが泣き出してしまいました。彼女はどちらかというと目立たない地味なタイプ。だから周りからの注目度も少ない。でも人の嫌がるような仕事に取り組む縁の下の力持ちだったのです。そのことを店長がみんなの前で感謝しました。「自分がお客様に集中できるのは君がいてくれたからだ」と。みんなも同感でした。普段、コツコツと頑張っている人ほど泣けるのかもしれません。感謝すること、見つけられることが、「感じるセンス」です。そして、面とむかって感謝とお礼をちゃんと言葉で伝えることが「謝る素直さ」になります。

まずはお店のみなさんのハートを「感謝」でいっぱいにする。そうすれば、コップから水が溢れるように「感謝」をお客様にも伝えることができるようになるのです。その逆はありません。先に「感謝」すれば、後で必ず「感謝」が戻ってきます。さぁ、恥ずかしがらず「感謝」の言葉を磨きまくりましょう！

今回の言葉

本当に感謝したり、感謝されたりすると胸が熱くなる。もし心に何の変化も起きていなければ「ありがとう」は「あなたはどうでもいい人です」と言っているのと同じだ。

chapter 5　モチベーション・アップ

Motivate your Staff!

目指せ！ 明るく、楽しい、人気サロン

モチベーション・アップ　アイデア12　美容好き

「情熱大陸」みたいな私たち

美容師人生を振り返ってみる

今、アンジェラ・アキさんの『手紙』というバラードを聴きながら♪、この原稿を書いています。人生には確かに苦しいときがある。でも負けないで。自分の夢を信じて、今を生きていこう！　というメッセージ。心が熱くなります。

さて、あなたはどうして美容師になったのですか？　専門学校を卒業したとき、何を思いましたか？　サロンで働きはじめたとき、何を励みに毎日頑張ったのですか？　はじめてシャンプーしたお客様を覚えていますか？　悔しくて泣いたことがありますか？　嬉しく嬉しくてスタッフルームやトイレで涙したことがありましたか？　先輩やオーナーに思わず手を合わせてしまうほど感謝したことがありますか？

美容師やってて本当によかったと思ったエピソードを教えてください。そして今回のテーマ。「あなたは美容が大好きですか？」。ぜひ、あなたの想いを聞かせてください。

「頭レベル」から
「身体レベル」へ！

ここでBGMはZARDの『負けないで』に替わる♪

誰でも、1度は志した道なのに挫折してしまいそうなときがあります。そんなとき、どのように乗り越えてきましたか？　何を支えに、とにかく前へ進んできたのですか？

例えば先輩たちの体験談。成功体験もあった。倍以上の失敗体験もあった。苦しかった。嬉しかった。そんな汗と涙の経験や実績。これ全部が「知的財産」という素晴らしい宝物です。耳を傾けていると、今の自分に何が足りないのか見えてくる。絶対に記録として残しておくべきです。文章として、写真として、音声として、映像としてアーカイブする価値は計りしれません。きっとあなたに子どもが生まれたら、たくさん写真を撮ったり、いっぱいビデオをまわしたり、手紙やメールを書いたりするはずです。そんな愛情をこめながら一人ひとりの美容師物語にスポットライトをあててみませんか！

■導入プログラム
「情熱大陸」みたいな私達！

もちろん、ここは葉加瀬太郎の熱いヴァイオリン♪

このプログラムは、サロンに、このようなメリットを引き寄せます。

☆「楽しい」には「目標」「希望」「仲間」の3つが必要です。目標も希望も仲間もいない。そんな人生や仕事は絶対に楽しくない！

☆"美容好き"な仲間たちが、何を考え、何を想いながら仕事をしているのか？　同じ屋根の下で働く者同士が理解することは大切なことです。

☆"美容好き"な人生を鮮やかにイメージすることができます。

やってみよう！

■プログラム概要

ある人物の日常生活に密着しながら、人生の苦悩や希望を描いていくテレビ番組があります。プロジェクトのノリは、このイメージ。今回は、この超ミニチュア版をつくってみましょう。

用意するのはホームビデオと質問リスト。あとは撮影するだけ。テ

アイデア　12　美容好き

ロップなどが入れられる編集ソフトとパソコンがあれば、さらに楽しい。撮影したものはDVDにしておく。気軽に見直すことができます。例えば、今はスゴイ凹んでいる。だけど画面の中の去年の自分が「どんなことがあっても負けるな！」と応援している。きっとピュアなハートが復活です。

■参加対象／全員。
■実行期間／自由。
■実行サンプル

① まずは今回の撮影テーマを決めましょう。例えば今回は「あなたは美容が大好きですか？」で進めます。

② 次に質問リストをつくりましょう。ここがとても大事。「○○さんは美容が大好きですか？」「はい。もちろんです」で終っちゃうと面白くない。相手の"人となり"や"想い"がよくわかるように質問をつくる。ポイントを以下にリストアップします。

1. 理由を聞く
「○○さんは美容が大好きですか？」
「はい。もちろんです！」
「それはどうしてですか？」→理由がわかる

2. 考え方を聞く
「今まで何を大切にしてきましたか？　そしてこれからは何を大切にしていきたいですか？」→考え方がわかる

3. 未来の期待感を聞く
「来年の○○さんはどのようになっていたいですか？」→期待感がわかる

4. 素晴らしい思い出を聞く
「この仕事してきて本当によかったと思った、1番嬉しかったエピソードを具体的に教えてください。ちなみに2番目もお願いします」→宝物を聞く

5. 乗り越え体験を聞く
「これまで1番きつかったことは何でしたか？　そして、どのように乗り越えたのですか？　具体的に教えてください」→感動を聞く

③ それでは撮影です。リラックスして話せる雰囲気をつくりましょう。例えば、ちょっと照明を落としてムードを出す、温かい飲み物を用意する、入社当時の写真を前に置く…など、思いつくことは何でもしてみてください。

④ 撮影した記録は大切な財産です。音楽を入れたり、ナレーションを入れたり、いろいろ編集できると楽しいでしょう。動画の撮影や編集方法をマスターしておくと、後々も大変有利です。

■実行時の注意点
聞き手は真剣に聞く。これは相手に対しての礼儀。心をこめて美容人生の立会人をつとめましょう。

とても、いい気分！

最後はジョン・レノンの『スターティングオーバー』♪

「そもそも美容って何？」と質問されたら、どのように説明しますか？　美容師法第二条第一項には、「美容」の定義を次のように規定しています。

『美容とは、パーマネントウェーブ、結髪、化粧等の方法により、容姿を美しくすることをいう』と。法律の条文って、固い文章ですからイメージしにくいですよね。日頃、当たり前に使っている言葉は「自分なりに再定義」してみるとわかりやすくなります。「自分なりに再定義」とは、《自分なりの納得》ということ。だから正解、不正解はありません。自分のパフォーマンスが向上すれば、それでいいのです。

例えば、私なりに再定義みると『美容とは、サロンで最も自信のあるメニューと、信頼のおけるホームケア商品を提供することで、お客様の見た目がよくなり、自信をもって人生に立ち向かっていけるサポートをすることをいう』。

自分の見た目を、もっとよくしたいと願うお客様。自分の見た目を、もうあきらめてしまっているお客様。あなたと出会うことで素敵な人生が実現できる。スゴイことです！　まるで魔法使い。あなたの技術と言葉は妖精の粉。ぜひ、美容の楽しさをたくさんの人に教えてあげてください。

今回の言葉

いいか！　よく聞け！　美容師はカッコいいんだ!!

chapter 5　モチベーション・アップ

おわりに。

「お疲れ様でした！」
私の大好きな言葉のひとつです。
ここまでおつきあいくださって本当にありがとうございました。

いかがでしたでしょうか？
本書をお読み頂いたことで、あなたの美容人生がさらに楽しく、
実り多きことになりますことを、心からお祈りしております。

以前、私が師匠と仰いでいる方からこのような教えを頂きました。
「上ばっかり見上げているから苦しいのだ。自分の"心"と"技"が上がれば、
上の人は声をかけてきてくれる。だから毎日の努力を惜しまず楽しみなさい」
接客やアプローチは、人と人とが織りなす素敵な時間の共有です。
毎回がライブであり、生放送みたいなものですから、
この本で書かれているとおりにならないことも多いはず。
でも、形は違っても骨組みは同じ。複雑そうに見えることほど、
シンプルに考えてみたら答えは足元にあったりします。
そんなときの参考書として、これからもご活用くだされば幸いです。

そして、最後に感謝を！
この本は、これまで私がお世話になったたくさんの方々の英知のおかげで
生まれることができました。諸先輩の方々、メーカーの方々、ディーラーの方々、
美容業界の方々、出版業界の方々、EMIさん、典ちゃん、そしてセミナーや講習会、
電話コーチングなどでお会いすることができた美容師のみなさま、
毎週メルマガをご購読くださっている読者のみなさま。
本当に本当に、ありがとうございました。

美容業界がもっとも〜っと楽しく盛りあがるように、これからもがんばります!
と、最後の最後で正直に告白させていただきます。
昨年の春に編集担当の方から、この本についてのお話を頂いたとき、
「石山さんはどうして本を出したいのですか?」と質問されました。
瞬間、私の心の中で熱いものがこみあげ、
「いろいろあるけど、一番の理由は親孝行です」とお答えしました。
アイスクリームは熱い食べ物だと思い込むほどの田舎から都会に出てきて、
自分の美容室を持つことを夢みた女性美容師が、かれこれ40年前、静かに鋏をおきました。
私を出産する当日までひどいツワリで苦しんだそうです。
この本のおかげで、ちょっとは親孝行できたかもしれません。
「かぁちゃん、いままでありがとう。これからもよろしくね!」

2009年3月
石山 薫

石山 薫(いしやま かおる)
サロンアシスト代表。美容業界のコンサルタント。
通称「言葉のドラえもん」。特に店販講習は全国で4,000人以上(平成21年1月現在)の美容師が参加している。
根っからの接客サービス好き。「どうしたら、もっとお客様が笑顔になって頂けるか?」について即効性の高い成功心理学を伝えている。携帯メールマガジン「ほぼ週間サロン☆ニュース」を無料配信中(a@salon-news.jp)。
一生懸命な人を見ていると涙がとまらなくなる習性あり。子供の頃は、毎週テレビで「がんばれロボコン」や「キャンディキャンディ」を見て号泣していた。三児の父。日本お笑い学会会員。
[ホームページ] http://www.salon-assist.jp

BK selection vol.3
接客の心理学

著者	石山 薫(サロンアシスト代表)
Art Director	下井英二(HOT ART)
Illustrator	第1章 村越昭彦　第2章 タケイ・E・サカエ　第3章 楠 伸生　第4章・第5章　石川ともこ
Editor	細田清行(新美容出版株式会社 書籍編集部)

定価3,990円(本体3,800円)検印省略
2009年3月18日　第1版発行

発行者	長尾明美
発行所	新美容出版株式会社
	〒106-0031　東京都港区西麻布1-11-12
	編集部　TEL：03-5770-7021
	販売部　TEL：03-5770-1201　FAX：03-5770-1228
	http://www.shinbiyo.com
	振替　　00170-1-50321
印刷・製本	太陽印刷工業株式会社

©SHINBIYO SHUPPAN Co;Ltd.　Printed in Japan 2009